南京地标----------------------------------

金陵明珠——玄武湖

王　鹤◎编著

南京出版传媒集团　南京出版社

图书在版编目（CIP）数据

金陵明珠——玄武湖 / 王鹤编著. -- 南京：南京
出版社, 2018.1
（南京地标）
ISBN 978-7-5533-2134-9

Ⅰ.①金… Ⅱ.①王… Ⅲ.①玄武湖 – 介绍 Ⅳ.
①K928.43

中国版本图书馆CIP数据核字（2018）第015670号

丛 书 名：南京地标
丛书主编：曹路宝
书 　 名：金陵明珠——玄武湖
作 　 者：王 鹤
出版发行：南京出版传媒集团
　　　　　南 京 出 版 社
　　社址：南京市太平门街53号　　　　邮编：210016
　　网址：http://www.njcbs.cn　　　　电子信箱：njcbs1988@163.com
　　天猫1店：https://njcbcmjtts.tmall.com/　　天猫2店：https://nanjingchubanshets.tmall.com/
　　联系电话：025-83283893、83283864（营销）　　025-83112257（编务）

出 版 人：朱同芳
出 品 人：卢海鸣
责任编辑：林莉萍　杨传兵
装帧设计：王 俊
责任印制：杨福彬

制 　 版：南京新华丰制版有限公司
印 　 刷：南京凯德印刷有限公司
开 　 本：787毫米×1092毫米　1/32
印 　 张：4.75
字 　 数：76千
版 　 次：2018年1月第1版
印 　 次：2018年3月第2次印刷
书 　 号：ISBN 978-7-5533-2134-9
定 　 价：22.00元

天猫1店　　天猫2店

上架建议：旅游·历史

编委会

主　　任　曹路宝

副主任　陈　炜　朱同芳

委　　员　（以姓氏笔画为序）

　　　　　王　鹤　卢海鸣　孙维桢

　　　　　朱明娥　陈宁骏　项晓宁

　　　　　高安宁　樊立文

丛书主编　曹路宝

统　　筹　时鹏程　朱天乐　杨传兵

总　序

　　古今中外，任何一座具有鲜明特色和独特文化的城市，无不存在着若干彰显城市特征、气质和精神的"地标"。这些有形的地标，与城市一同孕育成长、发展壮大，在城市肌体上"自然生长"，与凝结于其中的人和事一道，共同塑造出城市的文化和品格。

　　南京是举世闻名的历史文化名城，人类文明可追溯到遥远的史前时代。自周元王四年（公元前472年）建城开始，至今已近2500年。在漫长的发展过程中，自然与人文的有机结合，山川与人物的完美邂逅，景观与文采的虚实建构，使得各个时期的南京都曾产生过地标。这些散布全城的地标，或是一条河流，或是一个湖泊，或是一处古遗迹，或是一座古建筑，它们是这座古城悠久历史和文化内涵的注脚。秦淮河流淌的千年烟雨，明城墙绵延的百里沧桑，大报恩寺辉映的佛光刹影，总统府见证的时代更迭……无不记录了南京的兴衰变迁和悠悠记忆。偌大的南京城中，生于斯长于斯的人们也时刻感受着不同地标带来的魅力。

城南人熟知夫子庙的俚俗繁华，城北人醉心于玄武湖的平静舒展，城西人惯于徜徉在石头城外的莫愁湖边，城东人则钟情于紫金山的雄伟豪迈。正是由于这些地标的存在，南京被赋予了诸多耳熟能详的称谓——龙盘虎踞、中华佛都、天下文枢、胜利之城……而这些称谓，正是南京城市文化的标签和名片。

文化是一座城市的灵魂，体现着城市的软实力。作为城市文化载体的南京地标，很早便引起了人们的关注。明清以至民国的多部金陵老风景画，多以其时地标为描绘对象，可以称得上是对当时南京地标的"检阅"。在建设"强富美高"新南京的今天，随着在优秀文化传承创新、文化产业跨越发展、文化加快"走出去"等方面持续发力，南京奏响了文化强音，城市文化建设迈上了新台阶。在这样的背景下，为了树立崭新的城市形象，塑造有品格、有内涵的现代都市，让全国乃至世界读懂南京、热爱南京，从一个崭新的角度展现南京的魅力，我们推出了这套"南京地标"丛书。丛书以图文并茂、专题叙述的方式，讲述这些地标的前世今生、建筑特征、文化内涵和遗产价值等，力争成为人们品味南京文化的又一力作。同时，希望丛书的出版，能成为这些地标的精品宣传册，以便利海内外游客的造访。

丛书编委会

序　言

　　玄武湖位于南京城东北，占地 4.73 平方千米，其中湖面积 3.68 平方千米，是国家 4A 级旅游区、国家重点公园。"钱塘莫美于西湖，金陵莫美于后湖。"北宋文学家欧阳修曾如此赞美过玄武湖（时称后湖）。自然景观的美是玄武湖作为南京地标的重要元素。玄武湖东枕钟山，西南古城环抱，覆舟、鸡笼诸山隔城相望，远处小红山、幕府山层峦叠嶂。湖中分布的五块绿洲，分别有"菱洲山岚""樱洲花海""环洲烟柳""梁洲秋菊""翠洲云树"等特色景观。水趣山情，平湖闹市，景象万千。春季，这里岸柳摇风，长堤凝翠，百花盛开，争奇斗艳，有所谓"晓光浮动从容出，花环芳境供吟眺"之春色；夏季，则菡萏盛开，映日波红，熏风习习，清香徐来，有所谓"接天莲叶无穷碧，香溢湖山曲院风"之景；秋季，丹桂飘香之时，这里翠潋澄鲜，山含凉烟，呈现出"芙蓉红尽早霜下，山色可人烟雨来"之佳境；冬季，则银装素裹，妖娆多姿，添上一派"远烟漠漠雪霏霏，平波百顷摇银树"之气概，因此被誉为"金陵明珠"。

玄武湖的历史最早可追溯到距今 2220 年的先秦时期，她的名字随着历史的变迁而演变，先后有桑泊、秣陵湖、蒋陵湖、后湖、练湖、北湖等 20 余个名字。446 年，南朝宋文帝改"北湖"为"玄武湖"，并沿用至今，已有 1570 多年的历史。千年湖水承载着南京城市的变迁，人文古迹荟萃是玄武湖作为南京地标的另一重要元素。

玄武湖的水系、生态与南京人的生活息息相关，一辈辈金陵人热爱她、亲近她，把自己童年、青年、老年的美好记忆都留在了这里，因此玄武湖成了南京人的情结所在。2010 年 10 月，玄武湖全面免费开放，深受广大游客喜爱，被赞为"城市客厅、百姓乐园"。

玄武湖不仅是南京地理意义上的地标，更是在南京生活、工作、旅游过的人们心中的地标。

目　录

玄武湖的前世今生

　　相传，远古时期水神共工造反，与火神祝融交战。共工被祝融打败了，气得用头去撞天地之间的支柱不周山，导致天塌陷，天河之水注入人间。女娲不忍生灵受灾，于是炼出五色石修补天体，制作祥云，却不慎让一颗石子坠落下去，将地面砸了一个深深的窟窿，形成一泓湖水，天长日久，便形成了烟波浩渺的玄武湖。而那颗落地的石子又反弹到湖的东边，成了一座大山，那就是巍巍龙盘的钟山。

　　当然，传说只是一种美好的想象，表达了古代人民对自然的敬畏和对玄武湖的热爱，也为玄武湖蒙上了一层神秘的面纱。那玄武湖到底是如何形成的呢？这要追溯到几千万年以前。玄武湖是地处长江与钟山之间的一个大的湖泊，它的形成一直有着多种说法：一说是古

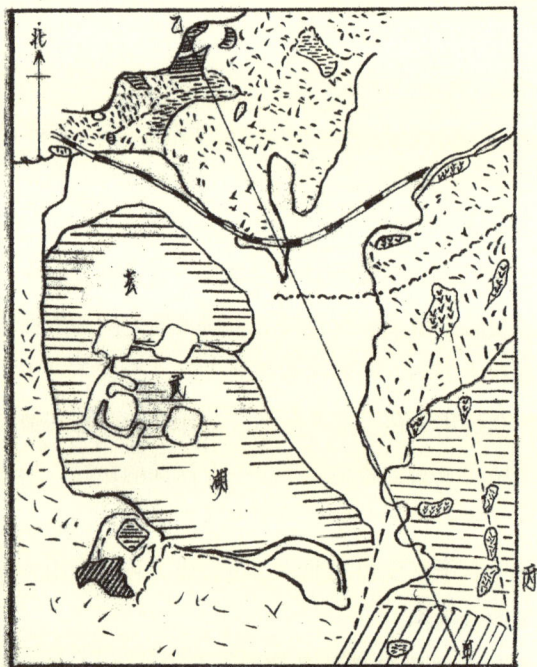

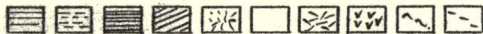

玄武湖附近地质图

长江的遗留湖。据说，玄武湖原是长江古河道的一部
分，由于长江的迁移，才把这段积水的洼地遗弃在覆舟
山（九华山）北麓。二说是长江支流古秦淮河故道的产
物。20世纪70年代，根据大量钻孔资料证实，确实存
在一条贯通南京城南北的古秦淮河故道。这条故道通
过北极阁——九华山垭口，经玄武湖折向西北，再经
模范马路、福建路中段，沿金川河方向入长江。玄武
湖曾经两度为河湖环境更替，最后沼泽化。三说是天
然湖。地质学家们经过对玄武湖地质、地貌的多年勘
测，分析了从湖底打钻取出的岩心样品以后发现，沿
紫金山北坡经富贵山、九华山、北极阁诸山的北麓，
曾有一条发生在几千万年以前古老而巨大的断层，就
好像在南京城北的大地上砍上一刀。在这条"刀痕"
所经之处，岩石颇为软弱，极易风化，在经历了千百万
年的长期侵蚀以后，渐渐被溶蚀成一处低洼积水的湖泊，
湖水向四周浪击侵蚀，扩大水域，终于孕育而成玄武湖。
四说是既有断层基础形成的低地，又有一水通江。以上
四种观点至今未能取得一致意见，更让玄武湖的形成显
得扑朔迷离。

　　从地质观点来看，玄武湖应早在人类出现以前就已
形成了。不论是哪一种形成方式，如果没有历代的疏浚，
玄武湖也许早就湮没淤塞了。到目前为止，有史可稽的

玄武湖的春夏秋冬（20 世纪 50 年代）

玄武湖的春夏秋冬（今景）

　　大规模疏浚就有 14 次，分别是：东晋大兴三年（320），
晋元帝浚北湖，用以训练水师；宋元嘉二十五年（448），
宋文帝大规模疏浚玄武湖，并将湖泥堆积起来，欲建"方
丈、蓬莱、瀛洲"三神山；北宋天禧元年（1017），昇
洲知州丁谓疏浚后湖为塘陂；元大德五年（1301），浚

玄武湖鸟瞰（民国时期）

后湖；元至正三年（1343）复浚后湖；明洪武年间，开
衍为湖，"衍"为沼泽；明嘉靖二十四年（1545）夏，疏
浚后湖；民国十八年（1929），疏浚玄武湖；民国二十二
年（1933），疏浚玄武湖西北水道；1950 至 1952 年，对
玄武湖进行疏浚，加深了湖床；1966 至 1977 年，浚修玄
武湖近十年时间，使湖的蓄水量达 500 万立方米；1997 年，
玄武湖迎来中华人民共和国成立后的第三次大规模疏浚，
1998 年 4 月竣工；2008 年，对北湖实施清淤工程，清淤

玄武湖鸟瞰（今景）

总量约 50 万立方米；2014 年，对西南湖全湖和东南湖航道实施了清淤，清淤总量约 40 万立方米。

　　我们今天看到的玄武湖，是经过历朝历代开发利用而形成的格局，是人为影响的结果。历史上，玄武湖的面积曾经发生多次变化，六朝时面积最大，"周回四十里"，北到大红山（古大壮观山），东抵钟山西北麓，南达鼓楼岗北，西沿西流湾公园一线至狮子山（古卢龙山）下与长江相接，有诗赞曰："北湖清浊自天开，势协龙图一水来。百里烟霞环岛屿，绕城波浪动楼台。九霄气迥通银汉，五月天底转斗魁。决胜蓬莱山下水，洪源终古不尘埃。"到唐代，据《元和郡县图志》中记载，玄武湖只有"周回二十五里"，《南唐近事》所记更减为"周回十数里"。现在玄武湖全湖面积为4.73平方千米，其中湖面积为3.68平方千米，五洲面积为1.05平方千米。尽管它目前的面积仅是六朝时的四分之一，但是在今天的城市中心能有这样一片宽广的湖面，已属十分难得，确是这座城市之幸。

改朝换代与湖名的变更

玄武湖形成年代久远，远古时期的名称已无法考证，但从史书上我们可以知道，玄武湖古称桑泊，那是在秦以前。自从秦始皇建立封建王朝以来，玄武湖的名称几经变化，先后用过20余个湖名。在这些湖名中，许多都承载着朝代更替的历史印记。

公元前210年，秦始皇第五次出巡，在路过金陵（今南京）时，有望气的术士对他说："金陵地势山川犹如虎踞龙盘，大有王气所在。"秦始皇闻言十分畏惧，认为金陵的存在将威胁到秦王朝的统治，于是下令凿断金陵的龙脉，破坏龙体，泄掉"王气"。同时，把"金陵"这个非同凡响的名字，改成卑微低下的"秣陵"。据说，这样可以使金陵永远不会产生帝王，可以使得秦王朝江山永固。自金陵改称秣陵后，桑泊也随之改称为秣陵湖。

公元208年，诸葛亮受命出使东吴，实施联吴抗曹计划。在他途经秣陵（今南京）时，被眼前的地势山川所吸引，感慨地称之："钟山龙盘，石城虎踞，真乃帝王之宅也。"并建议孙权迁都秣陵。公元211年，孙权由京口（今江苏镇江）迁来秣陵，并改"秣陵"为"建业"，意为要在此建帝王之大业。因孙权的祖父名钟，为了避讳，孙权将汉秣陵尉蒋子文战死的钟山改称蒋山，同时改秣陵湖为"蒋陵湖"。

东吴定都建业后，因湖位于钟山之北、宫城之后，所以又称作"后湖"。《后湖志》载：吴宝鼎二年（267），后主孙皓为使殿堂之间常年有碧波绿水环绕，"开城北渠，引后湖水流入新宫"。"后湖"的名称第一次在史书中出现。

建武元年（317），晋愍帝去位，司马睿在建康（今南京）称晋王，次年称帝，重建晋政权，史称东晋。为收复北方失地，东晋大兴三年（320），晋元帝对玄武湖进行疏浚，加深湖床，扩大水域，作为训练水师的重要场所。因湖在钟山之北，晋元帝改湖名为"北湖"。

真正的"玄武湖"之名，始于南朝宋文帝元嘉二十三年

宋文帝

（446）。宋文帝"筑北堤，立玄武湖"，北湖开始以"玄武湖"命名。玄武是中国古代神话中的北方之神，它的形象为龟蛇合体，后为道教所信奉，同青龙、白虎、朱雀合称四方四神。出于当时都城建设"取象于天"的需要，宋文帝改"北湖"为"玄武湖"，这样就形成了东有钟山、西有石头城、南有朱雀桥、北有玄武湖的完整四神布局，成为金陵帝王都的四方镇护。

刘宋大明五年（461）、大明七年（463），武帝刘骏在玄武湖大阅水军，并改湖名为"昆明池"，而民间则俗称为"饮马塘"。

泰始年间（465—471），宋明帝刘彧改湖名为"习武湖"，仍把玄武湖作为操练水师的重要基地。

六朝阅兵台遗址

太平二年（557），陈霸先废梁敬帝，建立了六朝史上最后一个王朝——陈朝。太建年间（569—582），陈宣帝改湖名为"真武湖"，亦作练兵场所。太建十一年（579），宣帝陈顼在玄武湖举行了历史上规模最大的一次水上阅兵活动，史书上记有"五百楼船十万兵"的壮观场面。

唐乾元三年（760），昇州（今南京）刺史颜真卿上表肃宗，在全国设立放生池，玄武湖被列其中。因此，唐乾元年间，玄武湖被称为"放生池"。

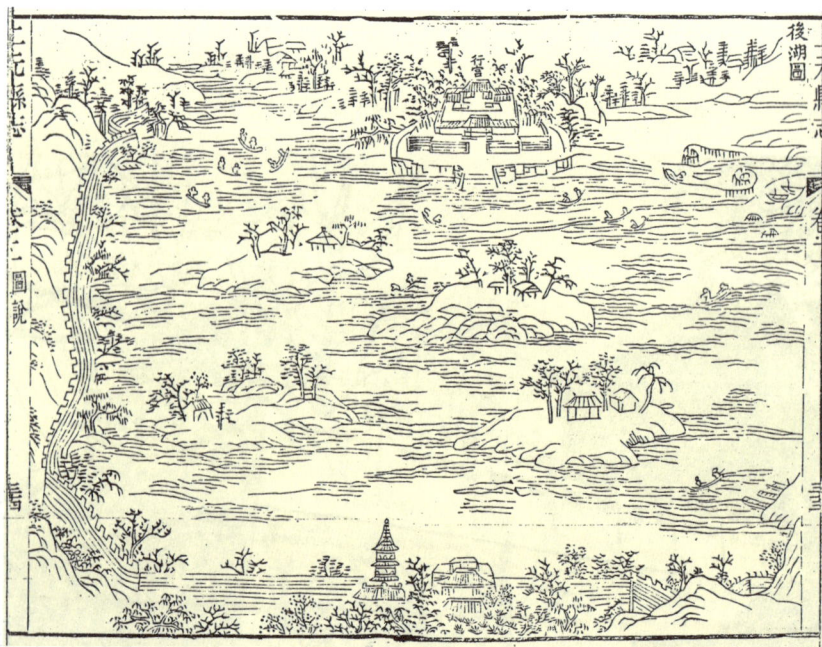

明代后湖图

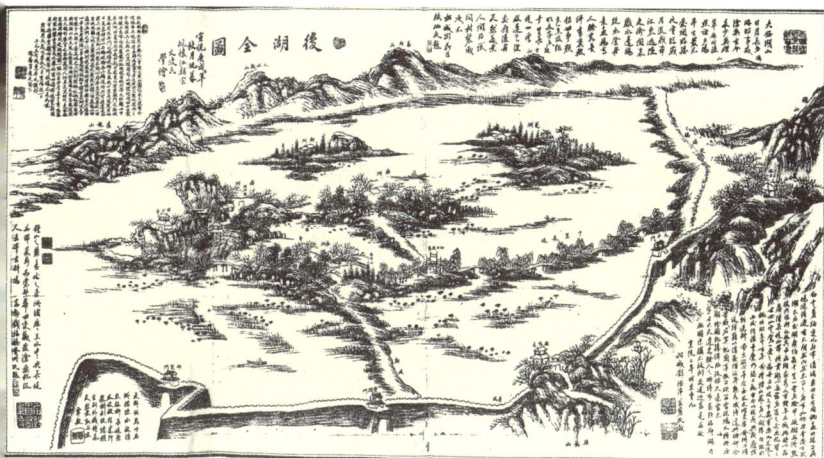

清代后湖全图

　　1368年，朱元璋推翻元朝统治，在南京建立了明
王朝政权。为加强中央集权统治，朱元璋于洪武十四年
（1381）创建了作为明代户籍与赋役制度的黄册制度，
并正式在全国范围内实施。洪武二十四年（1391），朱
元璋亲自选定"形势天造地设"的玄武湖作为存放国家
级档案黄册的处所，时称"后湖黄册库"。

　　康熙在位期间，为避帝王名讳，凡在大清王朝统治
的区域内，带有"玄"字的名称一律更改。因此，南京
的玄武湖也改称为"元武湖"，但南京的百姓仍习惯称
玄武湖为"后湖洲"。

　　民国十七年（1928），玄武湖作为公园正式对外

开放，更名为"五洲公园"。直到 1934 年，"玄武湖"的名称再次被启用。

从玄武湖名称的演变可以看出，古老沧桑的玄武湖承载着多少历史的印记，南京的历史亦必不可缺少浓墨重彩的玄武湖篇章。

古今十里长堤

　　"江雨霏霏江草齐，六朝如梦鸟空啼。无情最是台城柳，依旧烟笼十里堤。"唐朝诗人韦庄的这首脍炙人口的《台城》诗中提到的"十里堤"，指的是玄武湖上的古十里长堤。古十里长堤确切位置何在？是否就是现在的十里长堤呢？

　　玄武湖早期的筑堤历程主要有以下文字记录：唐代许嵩的《建康实录》记载，"元帝大兴三年创北湖，筑长堤，以遏北山之水，东至覆舟山，西至宣武城"。明代赵官的《后湖志》中也有描述，"大兴三年，始创北湖，筑长堤以壅北由之水，东自覆舟山，西至宣武城，六里余"。宣武城位于幕府山南。唐代李延寿撰写的《南史》中记载，"宋文帝元嘉二十三年，筑北堤，立真武湖于乐游苑之北"。真武湖就是当时的玄武湖，乐游苑在覆舟山南。明代赵官的《后湖志》中也有记载，"宋文帝元嘉二十三年，堰习武湖于乐游苑"。

据史料可知，晋元帝司马睿于大兴三年（320）疏浚湖床，将浚湖之泥修筑了一条从覆舟山起至幕府山南、自东向西的长堤6里余，提高了后湖的水位，把后湖作为东晋王朝水军的训练基地。元嘉二十三年（446），宋文帝对北湖进行了更大规模的整治。为防止湖水外泄，宋文帝又于乐游苑北修筑了一条阻挡湖水的堤坝，此堤在东晋司马睿建的堤坝基础上加长，达10里，时称"北堤"。根据玄武湖当时的地貌和宫城的位置，可以推断长堤是建在玄武湖南岸与西岸，一是为了提高玄武湖水位，二是为了防止玄武湖湖水对南面建康宫城的侵漫。

南京大学贺云翱教授在《一湖两河尽风流》一书中写道："蒋赞初先生在《南京史话》中认为，长堤，东起覆舟山北麓，西抵幕府山下，长达十里多。这长堤大约就是晚唐诗人韦庄诗中所指的'十里堤'。今天来看，这条堤岸应该大致沿着明城墙的方向从覆舟山以西至神策门乃至幕府山。"从韦庄的诗意中，也能看出古台城与玄武湖西南岸的毗邻关系，能从视觉上感受到台城柳烟笼十里堤的效果。另外，据专家考证，明朝朱元璋修筑城墙，玄武门左右一段城墙，则因六朝堤埂（十里长堤）筑城墙（季士家《明都南京城垣略论》）。由此可

见，古十里长堤应该是位于玄武湖西南岸，自太平门至
神策门再到幕府山南的湖堤。明代城墙的修建，使古十
里长堤不存。

　　与古十里长堤不同的是，今十里长堤（太平门至和
平门）是从清朝开始准确定位和逐步形成景观的。清代
王曼犀的《后湖图说》中描述："东北有丰润门之新堤，
东南有太平门之鸬栖埂，横衺处为十里长堤，堤有初日
芙蓉牌坊（原名杨柳楼台），石桥、板桥各一，循堤而
行，可径达长、志、老三洲。"

　　同治十年（1871），时任两江总督的曾国藩在十里

玄武湖西南岸

长堤建造了一座"杨柳楼台"，以供游人息憩赏柳之用。"北湖烟柳"便成为清代金陵四十八景之一。

光绪七年（1881），身为军机大臣的左宗棠调任两江总督，下令修筑一条连通十里长堤，由荒洲（翠洲）连接老洲（梁洲）的长堤。为纪念前任，左宗棠将新筑之堤命名为"曾公堤"。曾公堤的建成，解决了游人去玄武湖"必自太平门出，命舟而行"的不便状况。此举，使玄武湖一时显得热闹非凡。

光绪二十年（1894），张之洞暂代刘坤一两江总督

十里长堤（20 世纪 50 年代）

十里长堤远眺

之职。钟爱后湖荷花的他，在十里长堤"杨柳楼台"的旧址上修建了"初日芙蓉"牌坊。历史名人与文化景点的存在，使得十里长堤成为当时著名的景点。

民国二十五年（1936），蒋介石面谕："饬将环湖路克速辟筑。"该工程自太平门起至和平门止，全线约4170米，路基展宽后为6.5米，铺弹石路面，宽4.5米。

中华人民共和国成立后，十里长堤得到了多次整治。1971年，为迎接柬埔寨国家元首诺罗敦·西哈努克亲王访问南京，再次加宽了十里长堤，并全部改为沥青路面，沿湖种植了大量的柳树、桃树、广玉兰和水杉等名贵植物。2011年进行的玄武湖环湖路环境综合整治，对十里长堤和平门至翠洲门段的景观进行了全面提升。 2013年开始实施的玄武湖东岸地区改造工程，对

十里长堤之火车站前段夜景

十里长堤进行了更加优化的完善，配备了大型游船码头、游览车站点、休闲茶座、观景平台，使如今的十里长堤成为观赏山水城林城市特色的最佳视觉点。

从"三神山"到五洲

"菱洲山岚""樱洲花海""环洲烟柳""梁洲秋菊""翠洲云树"是玄武湖菱、樱、环、梁、翠五洲最具特色的景观。然而要说起五洲的形成及其名称的演变，则经历了漫长的历史过程，最早要从"三神山"说起。

据《史记·封禅书》介绍：在渤海之中有方丈、蓬莱、瀛洲三座神山，山上住着神仙，并有长生不老之药。元嘉二十三年（446），宋文帝在筑北堤、创玄武湖时，欲在湖中建造"三神山"。后因尚书左仆射何尚之坚决劝谏，三神山计划暂时搁浅。

元嘉二十五年（448），宋文帝再次决意在玄武湖中建造"三神山"。他利用浚湖之泥土在湖中堆砌成三座小岛，以象征古代传说中的"海上三神山"，也成就了"一水三山"的园林格局，奠定了玄武湖五洲形成

玄武湖五洲分布图

的基础。南朝历代对玄武湖进行疏浚和建设，使之成为皇家游乐、吟咏、练兵的重要场所。陈以后，玄武湖逐渐荒废。

明以前，玄武湖几经兴废，历尽沧桑，三神山的具体位置已难以确定。元末，在治理玄武湖过程中，采取浚湖叠岛的方式，玄武湖中的五洲初见端倪，但还没有明确的名称记载。朱元璋定都南京后，有关玄武湖的一些洲名才逐渐在一些史料和图表中反映出来。在《明代都城图》中，玄武湖中的小岛就有了旧洲、新洲、荒洲、别岛之称。赵官的《后湖志》中有明确的叙述："湖之中，有五洲。西北曰旧洲，上为库以贮册籍；西南曰新洲，上有郭璞墓；前抱一洲及东二洲，皆号荒洲；近西小洲，号别岛。"

然而明清时期玄武湖的五洲地貌与今天的不尽相同，各洲都是独立存在的，还没有形成现在环洲与樱洲的环抱之势，而且各洲的名称叫法不一，存在一洲多名和一名多用的情况。赵官在《后湖志》中除了提到旧洲、新洲、荒洲（两个洲名）、别岛五洲外，还有祖洲、莲萼洲、仙攀洲、龙引洲（与仙攀洲为一个长岛的南北两面）、太平洲、陵趾洲之称；在描述黄册具体存放地时，又有旧洲、新洲、中洲、太平洲、陵趾洲之称。而在明代王圻《三才图会》的"后湖图"中，又出现了一个新的洲名——长洲。到了清代，玄武湖五洲的名称又进一步演变。王曼犀的《金陵后湖志》中写道："后湖中有五洲，曰新洲、曰旧洲、曰龙引洲、曰莲萼洲（俗呼菱志长新老五洲，又呼菱志二洲曰团后二洲）。"从乾隆南巡图中可见，当时玄武湖为老洲、新洲、长洲、麟洲、趾洲五洲。至清宣统年间，玄武湖五洲的名称逐渐进入了相对稳定的阶段，基本固定为老洲、新洲、长洲、菱洲、志洲的称谓，并一直沿用到民国初期。

1928年9月，南京市长刘纪文下令改玄武湖内五洲名称，分别以世界五大洲给五洲更名：改新洲为欧洲、老洲为美洲、菱洲为澳洲、志洲为非洲、长洲为亚洲。"元武湖公园"名称同时更名为"五洲公园"，表达"游玄武湖者，可以小五洲"的意愿。五洲公园名称先后只用了7年时间，直至1935年7月26日，在市政府第362次会议上，通过了由继任市长马超俊（此前，由于石瑛反对汪精卫去机场迎接日本访问团而愤然辞职）签署的决议：

一、"亚洲"改称"环洲"。洲形屈曲如半环，樱洲亦为其所环抱，游人过此，辄生曲径通幽之感，因改环洲。

二 "欧洲"改称"樱洲"。洲上樱桃极多，春风三月，绿醉红酣，颇饶艳趣，及至初夏，则朱实累累，

樱洲花海

环洲烟柳

湖民撷取，售饷游人。是樱花樱桃极悦目可口之妙，因改称樱洲。

三、"美洲"改称"梁洲"。洲擅全湖之胜，为昭明太子梁园故址。当日宾客来往，盛极一时，与现之游人络绎同一雅兴。因念其禊褛开辟之功，故改称梁洲。亦有取于以苏、白名堤之意耳。（苏轼、白居易在杭州任职时，曾治理西湖，造福于钱塘。故西湖留有苏、白二堤。）

四、"非洲"改称"翠洲"。洲上修竹亭亭，纵横数亩，晓烟残照，翠色浮空，且钟山东峙，苍翠欲流，与洲间之竹翠相混合，浓翠可掬，因改称翠洲。

梁洲秋菊

菱洲山岚

五、"澳洲"改称"菱洲"。洲外原多产红菱，湖民向称菱洲，因菱米可供民食，为副产物之一。今仍沿用旧名，一以存民意，二以念民生也。

玄武湖五洲新名称的产生，完全符合当时提出的"音韵洪亮、字少意多"的原则。它既考虑到各洲的历史与现状，又十分符合民情，且富有寓意。所以，一直沿用至今。中华人民共和国成立后，经过不断的建设，五洲形成了现在的格局和各自独特的景观。

一代禁地——后湖黄册库

　　玄武湖自形成以来，发展的轨迹可谓几起几落。在北宋年间，因王安石"泄湖为田"的奏请，而消失了两百多年。后经过元朝两次疏浚，才重新出现在南京的版图上。但不曾想几十年后，玄武湖又成为一代禁地达两百六十多年。是什么原因让山光水色俱佳的玄武湖，成为与外界隔绝的禁区了呢？这就要从明朝的黄册制度谈起。

　　1368年，朱元璋建立了大明王朝，定都南京，年号"洪武"。朱元璋首先从政治、经济、军事上进行改革，并于洪武十四年（1381）正月，在全国范围内推行"黄册制度"。黄册是明王朝户籍与赋役合二为一的册籍，以登载家庭人口、财产为主，是明朝用来管理户口和征调赋役的一种依据。册籍除各地政府存留一份外，还须向户部呈送一份。按黄册制度规定，呈进到户部的

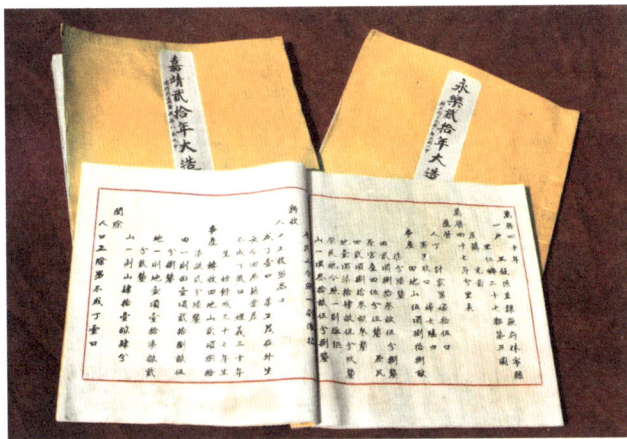

明代黄册

册籍必须以优质黄纸或黄绢做封面，以备皇帝御览，故而称之为"黄册"。明王朝政府规定黄册十年大造一次、大查一次，以保证内容的准确、完整。洪武二十四年（1391），朱元璋下令各处所造黄册都要经户部转送后湖收架。至此，玄武湖成为明王朝政府国家级档案黄册的存放地，时称"后湖黄册库"。自洪武十四年（1381）起，至崇祯十五年（1642）止，玄武湖与外界隔绝两百六十多年，成为名副其实的一代禁地。

　　黄册库选址玄武湖，是因为朱元璋看中了玄武湖"周遭四十里，中突数洲，断岸千尺，形势天造地设"，易于看守、易于防火防盗的特点。明政权为设立后湖黄册库，把湖滨的土地圈占起来，东自都察院（今南京电

"后湖界石"碑

影机械厂一带）前湖坡地埂起，北至沈阳左卫旧仓基址（今南京火车站北沈阳村一带）到神策门，沿明城墙到太平门，再以湖坡为限，到都察院前。每百步立土堆一个、界石一块，共设界石三十六块，上书"后湖界石"。界石以内地区不许百姓进入。

黄册库戒备极其森严，湖内外都派有专职官吏和军队负责防卫巡守，湖内由南京户部十三司轮流拨吏四名，在湖巡风；湖外沿墙五十步或七十步设立警所，责令地方官府、军伍、火甲等编成班次，昼夜防范。城东、城北兵马指挥司各差官员一名，率同弓箭手、军士及地方兵丁昼夜沿湖巡查。平时对过湖船只加以重锁，指定皇宫内太监专责保管钥匙。除了在后湖黄册库工作的官员和库工外，其他任何官吏未经获准一概不得进入后湖。

弘治二年（1489），钦差两广公干宦官郭镛在途经南京时，想领略一下玄武湖的湖光山色，显示钦差大臣的身份，未经后湖官员允许，率随从二十余人，擅自驾舟，闯入后湖禁地。郭镛因此举遭到监察御史孙纮等人弹劾，他们在给明孝宗朱祐樘的奏折中写道："郭镛承差两广公干……虽祖宗严禁之地俨然不顾，前去游憩，其怙恩恃宠，肆己骄人，坏国家之成法，起都人之惊猜，是可忍，孰不可忍！"（赵官《后湖志》卷五）为此，郭镛遭到了皇帝的重斥，丢掉了两广公干的御差。

黄册库房起初建在旧洲（今梁洲），有屋 9 间，册架 35 座，共存黄册 5 万多本。以后每十年加盖一次，每次盖造 30 间。旧洲盖满后又在中洲（今环洲）、新洲（今樱洲）陆续加盖。到明亡前夕，后湖三洲已有库房 960 间左右，内藏黄册达 170 万本以上，被称为"文

黄册库梁洲考古挖掘

册浩穰，漫若烟海"。

　　自洪武年始，至1645年清军攻陷南京为止，后湖黄册库从未搬迁过，它的功能与作用也从未中断过。即使永乐十九年（1421）朱棣迁都北京后，全国的政治、经济中心已经转移，但明政府仍然把黄册库留在南京后湖。崇祯十五年（1642），明政府最后一次大造黄册，大部分黄册尚未送到后湖，崇祯皇帝已吊死在了景山。南明政权时，弘光小朝廷用后湖的黄册当作点火药的材料和充作守城的防御工事，致大量的黄册毁于一旦。清康乾时期，尚存万历及崇祯五年的少量黄册，但大部分黄册在战火中消失殆尽。后湖黄册库的历史随着明王朝的灭亡而结束，被禁封了两百六十年之久的一代禁地玄武湖，再次展示在世人面前。

黄册库樱洲考古挖掘

黄册库文化遗址展览馆

　　玄武湖景区于 2005 年在梁洲西北角新建了"黄册库文化遗址展览馆",向人们展示曾经在此的明朝最大皇家档案馆及其演变历史。

"江郎才尽"忆郭璞

　　成语"江郎才尽"源于南朝梁钟嵘的《诗品》："初，淹罢宣城郡，遂宿冶亭，梦一美丈夫，自称郭璞，谓淹曰：'吾有笔在卿处多年矣，可以见还。'淹探怀中，得五色笔以授之。尔后为诗，不复成语，故世传江淹才尽。"说的是南朝文学家江淹在冶亭歇息时做了一个梦，梦见郭璞向其索还存放多年的五色笔，还笔之后，江淹就再也没有写出佳句名作，世上人都说江淹才气已尽。这个故事中的神秘人物郭璞，

郭璞

是东晋大文学家、风水学家、训诂学家。其墓地（也有
衣冠冢一说）就在玄武湖景区环洲西段的一座高约二十
米的小山丘上。南朝时，这里就有"郭仙墩""郭璞墩"
之称，民间俗称"郭公岗"。

郭璞（276—324），字景纯，山西河东闻喜人。好
经术，博学有高才，言论词赋为"中兴之冠"（时称东
晋立国之初为中兴）。最能体现郭璞文学成就的当推《游
仙诗》14首，这些诗通过歌咏隐逸、企慕神仙，表现
出对世俗生活的蔑视。郭璞的诗歌构思奇诡、造语精圆，
对南朝谢朓、谢灵运及唐代李白、杜甫等人的艺术风格
均有影响。

郭璞墩

　　郭璞早年向精通卜筮之术的郭公学习阴阳算历，郭公以《青囊中书》九卷赠之，遂洞悉五行、天文、卜筮之术，并编有占筮专著《洞林》。他是一位集儒、道为一身的传奇人物。在风水方面，他屡试屡验，被后世风水师尊奉为风水学的鼻祖。

　　郭璞的卜筮有着十分浓厚的神秘色彩，他占筮神验的故事在朝野流传甚广。西晋永嘉年间，政局动乱。郭璞预测北方难守，于是期待前往东南地区躲避战乱。一日，他去投靠将军赵固。当时，赵固战马刚死，而无心接客。郭璞让门官转告赵固，说自己有活马之术。赵固闻听，喜出望外，问道："你有什么办法使马活过来？"郭璞说："你派二三十个健壮之人，手持长竿东行三十里，会发现林中有一社庙，让他们用竹竿在庙四周拍打，就可得一物，及时将此物带回，马即可活。"赵固按照郭璞的说法让部下去办，果然得到一个如猴一样的动物。小动物凑近马的鼻子吐纳呼吸，一会儿，马果然站立起来，并大声嘶鸣，且饮食如常。而此时，那个像猴一样的东西却不见了踪迹。赵固见马活了过来非常惊奇，重赏了郭璞。郭璞有了路费，便渡江南去了。

　　郭璞的母亲去世，郭璞为其选择了一块很平常的地予以安葬，而此地离水很近，时常被水淹没。当时很多乡绅不解，劝他重新择地安葬。郭璞笑而谢过，并说那是一块风水宝地。一年之后，大水非但没有涨上来，反而退去很远，墓地周围成了一片良田。之后，人们不得不对他刮目相看，许多远方之客都慕名前来请他择地、相墓。从此，郭璞名声大振。

郭璞多次为晋王司马睿占卜，全都应验。因此，司马睿十分器重郭璞。占卜活动是郭璞政治生涯中不可缺少的重要组成部分，因他的占卜灵验，而得到执政者赏识和重用；也因为他占卜的灵验，而招致杀身之祸。

公元 322 年，东晋大将军王敦谋反，命郭璞占卜此举的成败。郭璞厌恶战乱，直言奉劝道："将军此举定然不能成功！"王敦闻言心中甚是不悦，于是又问道：

郭璞亭今景

民国时期郭璞亭

"你卜算我的寿命有多长？"郭璞说："从卦象来看，将军如果起兵，大祸不久将会临头。您若按兵不动，驻扎武昌（今湖北鄂城），您的年寿还会很长,很难测定。"王敦听了这些皆对出师不利之言，不由得怒火中烧，气冲冲地喝问郭璞："你知道自己能活多久吗？"郭璞说："我命在今日中午。"王敦听罢更加怒不可遏，命令兵士将郭璞押赴南冈斩首。

王敦谋反失败后，东晋朝廷将郭璞视为"抗节不屈"的第一忠臣，晋明帝追赠郭璞为"弘农太守"，选址为郭璞在玄武湖建墓，以示褒奖。郭璞一身正气，为国为

郭璞纪念馆

民、不畏强暴的精神为后人所敬仰。明嘉靖年间，世宗皇帝颁旨在玄武湖郭璞墩旁建"圣谕亭"，以示对郭璞的纪念，亭后不存。1934年民国政府重建郭璞亭，后因白蚁侵蚀，1998年新建目前之郭璞亭。1992年郭璞墩被列为市级文物保护单位。2010年，玄武湖景区又新建了郭璞像和郭璞纪念馆，常年来此瞻仰的游客络绎不绝。

"《文选》烂　秀才半"

　　《文选》是我国现存最早的一部古代诗文总集，它选录了先秦至南朝梁代八九百年间、100多个作者的700余篇各种体裁的文学作品。在唐宋时期，《文选》是读书人参加科举的必备宝典，有"《文选》烂，秀才半"的谚语。这是因为唐代以诗赋取士，唐代文学又和六朝文学具有密切的继承关系，因而《文选》就成为人们学习诗赋的一种最适当的范本，甚至与经传并列。宋初承唐代制度，亦以诗赋取士，《文选》仍然是士人的必读书，所以说如果读烂了《文选》，就可以成为半个秀才了。如此重要的文献，就成书于玄武湖，其主持编选者萧统，也与玄武湖有着千丝万缕的联系。

　　《文选》又称《昭明文选》，是梁代昭明太子萧统主持编选的。萧统（501—531），字德施，南兰陵（今

江苏丹阳）人，梁武帝萧衍长子，齐中兴元年（501）
九月生于襄阳，天监元年（502）立为太子，未继位而
卒，谥号昭明，世称昭明太子。萧统热爱山水，他在齐
文惠太子萧长懋所拓玄圃的基础上，更立亭馆，植莲种
花，使玄圃成为一座更加美丽的花园。而玄圃的位置，
即在今西家大塘、百子亭一带，均属六朝时玄武湖的湖
区范围。萧统常邀名人学士游乐其间，谈古论今，结翰
墨之缘，使当时的玄武湖呈现一派清丽自然而富有文化
情趣的气象。据《梁书·昭明太子传》载：萧统"引纳
才学之士，赏爱无倦。恒自讨论篇籍，或与学士商榷古
今"。从记载中可以看出，当时文学形式是常以某个政
治人物为中心，形成自己的文学集团。在这种背景下，

玄圃

许多文人学士围绕太子萧统，形
成了一个名才并集的文学中心。
他们出入玄武湖，漫游在书海之
中，谈古论今，探讨古今书籍，
在这样一个良好的研究文章、著
书立说的环境中，在萧统的主持
下，共同编撰了一部大型的诗文
总集《文选》。

萧统

　　《文选》的编撰，意义重大，
它集中了先秦至梁代的重要诗
文，成了研究梁以前文学作品和文学思想的重要参考资
料，以至形成一门专业的学问——文选学。

　　中大通三年（531）三月，萧统在后池泛舟时，不
慎落入湖中，救出后得病。四月，突然病重而卒，终年
31岁。

　　由于萧统在文学上的杰出造诣以及体恤民情、关爱
百姓的仁厚品德，人们都悲叹其过早地离世。因此，民
间流传着他的一些传说。据《穷神秘苑》记载：梁武帝
晚年丧子，十分悲痛，便把萧统生前所喜爱的一只琉璃
碗和一只紫玉杯随葬。有个太监为得到这一对稀世珍宝，
竟然掘坟盗墓。当太监盗出珍宝返回时，突然数万只燕
雀飞来扑击太监。这一奇怪的现象，引起了守陵官员的

览胜楼

萧统纪念馆

书香活动

警觉，令人把太监抓获，并从其身上搜出盗掘的宝物。梁武帝获悉后十分惊异，诏令将此宝物赐给太孙，并重新修整萧统陵墓。封坟之际，又有数万只燕雀衔泥飞来，为坟墓增土。因其坟在前湖岸边（近年考古证实陵墓在栖霞狮子冲），因此，钟山脚下的前湖又有燕雀湖之称。

1935年7月，南京市政府在为玄武湖更名时，根据各方意见，认为"洲擅全湖之胜，为昭明太子梁园故址，当日宾客来往，盛极一时，与现之游人络绎同一雅兴。因念其襟褛开辟之功，故改称梁洲"，据此将萧统曾经读书的玄武湖五洲之一的老洲改称为梁洲。

2010 年，玄武湖环湖路建玄圃景点，增萧统像和昭明馆，以纪念他对中国文学的贡献，弘扬书香传统。正如清代文人刘铁山在《后湖题咏》中赞道："莫愁传世争颜色，怎及昭明文字香。"2017 年，昭明馆迁至梁洲的览胜楼。

《昭明文选》在文学史上影响深远，萧统在玄武湖著书的历史，吸引着历代文人来玄武湖瞻仰、追忆，也成为玄武湖打造书香公园的渊源之一。

诗仙李白数游后湖留佳句

　　古时玄武湖烟波浩渺，直通长江，山光水色，气象万千。这块风水宝地，吸引了许多帝王将相、文人骚客来此游历，其中唐代大诗人李白就曾多次游湖，并留下不朽诗篇。

　　李白一生数次游览金陵（今南京），吟咏留下的诗作达 70 余篇。他第一次来金陵的时间是开元十三年（725）。阳光三月的金陵，正是柳花飘絮的时节，骀荡的春风卷起垂垂欲坠的柳花，轻飞曼舞，湖水拍打着堤岸，溅起玉珠般的浪花。李白漫步湖畔，眼前令人陶醉的春光画面，引起诗人浮想联翩：金陵曾是六朝帝王寻欢作乐的地方，从孙权定都到陈朝亡国的三百年间，六朝诸代频繁更迭，虽有龙盘虎踞之险，又怎能经得起政权的腐败和帝王的昏庸？险要的山川地势，并没有为

李白

统治者的长治久安提供保险。六朝帝王凭借着长江天险，纵情奢华享乐而导致国亡。可见，国家的存亡，在于人杰而不在于地灵！这次在金陵的旅历，让李白感到十分愉快。开元十四年（726）春，李白将赴扬州，临行之际，朋友在酒店为他饯行，他写下了《金陵酒肆留别》，表达了对金陵和友人的依依不舍，"请君试问东流水，别意与之谁短长"。

天宝六年（747）春，李白再次游历金陵。李白这次来金陵的心情，已没有像年轻时那样悠闲，更多的只是多愁善感。当年的六代繁华，如今已不见踪迹。在一个明月当空的夜晚，李白独自来到玄武湖，寻访六朝遗迹。这里湖山依旧，繁华难寻，他想，"昔日金陵何壮哉，席卷英豪天下来"的时代，也许会留下历史的足迹。玄武湖曾是梁昭明太子编纂《文选》的地方，当时贤才云集，文学之盛；再想那"五百楼船十万兵，登高阅武阵云生"的场面，如今已偃旗息鼓。诗人很自然地怀念起他所敬慕的东晋弘农太守郭璞，如今这位"博学有高才"的知己已是遗踪难觅，更不用说那盛极一时的皇家园林，早已夷为平地，眼前只是"吴宫花草埋幽径，晋代衣冠成古丘"。凄凉的景象不免令诗人仰天长叹，他伫立在月光之下深思默想，一轮明月倒映湖中，湖水的微波划破月光，犹如一朵朵白云漂浮在水面。六朝繁华已如东逝流水，只有不变的明月依旧多情地悬照着后湖，一切都显得那么寂静、凄凉。朝廷的昏庸、权贵的排斥，使得李白政治抱负无法实现，让他感到苦闷、惆怅。才华横溢的李白的这次游湖之感跃然纸上，他在《金陵三首》中写道：

玄武湖夜景

地拥金陵势，城回江水流。

当年百万户，夹道起朱楼。

亡国生春草，离宫没古丘。

空余后湖月，波上对瀛洲。

天宝十三年（754），李白又一次来到金陵，甫至金陵，就与江宁县令杨利物等游北湖（今玄武湖），写下《春日陪杨江宁及诸官宴北湖感古作》。在玄武湖游船之上，陪坐的皆是李白旧时好友，可谓"英僚满四座，粲若琼林敷"，船在水中慢行，歌女侍立两侧。席间又有"新弦采梨园，古舞娇吴歈。曲度绕云汉，听者皆欢娱"。船行至覆舟山下，这里曾是六朝时乐游苑的遗址，如今"古之帝宫苑，今乃人樵苏"，昔日的六朝宫苑玄武湖和乐游苑，却成了人们打柴割草之处，能不让诗人伤感吗？李白起身举起酒杯，"感此劝一觞，愿君覆瓢壶。荣盛当作乐，无令后贤吁"。趁此良辰美景，何不尽情欢乐，免得让后人为我们叹惜！

玄武湖的风光与历史给予诗仙无限的遐想和感慨，而他留下的诗篇又赋予玄武湖深厚的人文魅力。2010年，玄武湖景区在新模范马路隧道口附近修建了"后湖印月"景点，由李白像、唐代风格的建筑和观景平台组成，占地146平方米。景点依水而建，门窗通透，视觉开阔，

后湖印月

玄武湖中秋之夜

观景台凌波御风，赏月极佳，再现了诗仙李白数游玄武湖的历史场景。每年中秋，有组织和自发来此的赏月活动丰富多彩，"后湖印月"景点逐渐成为南京中秋赏月之佳地。当然，现在人们眼中的月已不是李白诗中的月，更不会有诗人赏月时的悲凉和落寞之情。然而，李白《把酒问月》一诗中"今人不见古时月，今月曾经照古人"的诗意，仍让人回味无穷。

王安石泄湖为田争议多

　　前面我们说过，玄武湖既是地质湖，也是人工疏浚的湖泊。玄武湖形成后至北宋，有史可稽的疏浚有两次，分别是东晋大兴三年（320），晋元帝浚北湖，以习舟师；宋元嘉二十五年（448），宋文帝大规模疏浚玄武湖。等到了北宋初，玄武湖已淤积严重。逢旱年，往往水竭湖干，六七十顷湖地成为民田，出租给老百姓，年收租税数百万贯。后来又开十字河，进一步减去湖水，十字河上还架桥以通往来。时间一长，河道也湮塞起来，玄武湖蓄水、灌溉的功能被废除了。北宋天禧元年（1017），昇州（今南京）知州丁谓上奏疏浚后湖为塘陂，以蓄水备旱。获准后，玄武湖得以疏浚，玄武湖的水利功能得到一定的恢复。

　　熙宁七年（1074）二月，王安石因变法触犯了守旧派的利益，被罢去宰相之职，降为江宁（今南京）知府。虽然在保守势力的反对下，变法遭失败，但历经政治道路上的坎坷，他那种"天变不足畏，祖宗不足法，人言不足恤"的大无畏精神，仍然激励着他锐意改革。他把变法的主张延续到自己的权力范围之内，针对江宁辖区内农业歉收、贫富不均的现象，王安石想到了玄武湖。虽然前任丁谓曾对玄武湖有过疏浚，但经过半个多世纪，玄武湖湖床淤塞愈甚，又失去了蓄水功能。王安石于熙宁八年（1075）给宋神宗上了一份《湖田疏》，他认为

湖田轩

"金陵山广地窄，人烟繁茂，为富者田连阡陌，为贫者无置锥之地"，玄武湖是前代的游玩之地，"空贮波涛，守之无用"，因此奏请宋神宗开十字河，泄玄武湖水，使贫民可得湖中的丰饶渔产。水退之后，再将湖田分给平民百姓耕种，并借给他们耕牛、种子。根据田地的肥瘦，每年收水面钱，上交国库。这些湖田不准豪强大户侵占，地方官吏也不准借机中饱私囊。如果皇帝"车驾巡狩"，则"复为湖面"。这份表达了王安石泄湖为田出于公私两便的奏章，理所当然地得了宋神宗的恩准。从此之后，玄武湖化作良田，在南京的版图上消失了二百二十余年。

王安石泄湖为田的举措，后人褒贬不一。首先是南宋户部尚书马光祖，他认为王安石的泄湖为田是"田收麦谷之利小，湖关形胜之害大"。乾隆南巡时在其所作的《后湖览古》中写道："熙宁泄水号济困，实与青苗意不殊。"《玄武湖志》作者夏仁虎则认为，王安石的做法不能不说是善政，然而后议者多有不满，岂不是因为他"窥近利而失远图欤"，没有考虑到玄武湖对整个金陵城的水利作用。

从今人的角度看，王安石泄湖为田的举措，只是从当时社会的实际情况考虑，从老百姓的利益出发，救民于水火，为处在"贫者无置锥之地"的百姓解决燃眉之急，其目的是力求社会秩序的稳定。更何况将湖田所得

民国时期玄武湖居民

充实国库，也是富国之举。所以，王安石泄湖为田是体现了他的爱民之心、改革之情。

其实，自元至正三年（1343），玄武湖得以疏浚恢复后，历朝历代玄武湖中也出现不少湖田，到清乾隆年间尚有 70 余顷。1953 年，政府将湖民迁出湖区安置，湖田逐渐改造成园林绿化景观。"文革"期间，公园内不再种花种草，而改成种粮食作物。1969 年一年开荒22 公顷，栽种水稻 7.6 公顷、旱粮作物 8 公顷，收粮食

5万多斤。1972年，根据"不荒一亩地"的指示，玄武湖再次开荒造田，栽种小麦6公顷、黄豆5.3公顷、高粱1.2公顷、双季稻0.66公顷。"文革"结束后，玄武湖的绿化水平和保护工作得到了前所未有的发展，从此终结了湖田的历史。

镇园奇石花石纲

　　读过《水浒传》的人都知道"智取生辰纲"的故事。
"纲"是中国古代转运大宗货物时表示批量的一个专用
词汇。"青面兽"杨志负责押送的生辰纲，是大名府留
守梁中书为讨好权臣蔡京而敬献的大批生日贺礼。在此
之前，他还押送过花石纲，过黄河时，船翻货沉，这花
石纲就是为宋徽宗收集的奇花异石。北宋朝廷灭亡后，
许多未运进京的花石纲散落在沿途。今天，你进入玄武
湖景区玄武门，步行百余米到达假山瀑布景点，就可以
一睹宋代花石纲遗物的风采，这就是玄武湖景区的镇园
之宝——童子拜观音石。

　　童子拜观音石由两块奇石组成，高的一块因其顶
端弯曲平滑，形态玉立，犹如头戴纶巾、大慈大悲、普
救人间灾难的观世音菩萨，而被称为"观音石"。观音

石高 530 厘米，宽 85 厘米，基座高 85 厘米，总高度为
615 厘米。较小的一块高 360 厘米，宽 75 厘米，基座
高 60 厘米，总高度为 420 厘米，由于此石形态略有弯曲，
犹如观世音身边虔诚恭拜的善财童子，被称为"童子石"。
童子拜观音石集太湖石皱、瘦、漏、透的特点于一身，
是我国园林艺术珍品中的瑰宝。

　　说到它的奇，不仅在于石材本身，更在于它的传奇
身世和非凡的经历。据专家考证，这对奇石为北宋时期
的花石纲遗物，属太湖石中罕见的珍品。北宋末年，统
治阶级腐朽糜烂，宋徽宗（赵佶）治国昏聩无能，听信
茅山道士之言，为增皇嗣，在东京汴梁（今河南开封）

童子拜观音石

大造寿山艮岳。"艮岳"之名，因其在京城的艮（东北方）位方向而得名。宋徽宗特命朱勔父子主持苏杭应奉局，专门收集江浙一带的奇花异石。朱勔以苏州为基地，四处巧取豪夺，无恶不作。只要发现奇石，无论是在绝壁悬崖，还是深水之中，都要不择手段，千方百计地去取得。江南一带的民间奇石，被他利用手中的权力网罗殆尽。朱勔把收集到的太湖奇石，征用粮船从水路运往汴京。为便于集中管理，他把这些运送奇石的船队以十船编为一"纲"，每纲都有官员负责。这就是历史上有名的"花石纲"。

由于北宋政权的腐朽和残暴，阶级矛盾日益激化，劳动人民被贪婪的统治者压迫得民不聊生，怨声载道。宣和二年（1120）十月，青溪人民在方腊的领导下，发动了"诛朱勔，抗官兵"的农民起义。一场声势浩大的起义烽火，很快燃遍了江浙、福建、两广一带。农民起义沉重地打击了北宋政权，削弱了北宋的统治力量。靖康二年（1127），金兵南下，徽宗赵佶、钦宗赵桓被俘。至此，延续了167年的北宋政权便走到了尽头。北宋灭亡后，许多未及运达的花石纲在沿途散失。

据清初姚鼐在他的《咏石歌》中介绍，童子拜观音石在南宋时移至南京，明朝又被移到徐达王府花园内。明万历年间，中山王徐达的第九世孙嗣国公徐维志重修

1954 年建造假山瀑布

童子拜观音石起吊

假山瀑布

王府"遂初园"时，在园内挖池叠山，建堂造亭，并在民间收购古玩奇石，装点花园。童子拜观音石也就是在那个时候落户遂初园的。民国时期，该石随同王府的遂初园旧址，一起被圈入全福巷国民政府财政部宿舍大院内。

　　1953年，在南京市第二届人民代表大会第五次会议上，著名学者贺昌群、黄显之、郑山尊、陈瘦竹等十名代表联名提案，要求将全福巷内的太湖奇石迁入玄武湖公园，把昔日皇家园林中的珍品，提供给人民群众去品味欣赏。提案得到全会一致通过。1954年，两块太湖奇石由全福巷迁入玄武湖公园。

同年，玄武湖园林工人以全福巷迁来的两块奇石为中心，根据叠山造景的手法，采取以水池为中心的造园方式，建造了玄武湖中华人民共和国成立后的第一个著名景点——假山瀑布。2006年，北宋花石纲遗物太湖奇石"童子拜观音"，被列为市级文物保护单位。

童子拜观音石见证了时代的更替和历史的兴衰。现在两块奇石已被游人抚摸得光亮可鉴，不知承载了多少怀古的遐思、寄托了多少美好的祝愿。

明代水利设施今犹在

　　玄武湖的景观价值众所周知，人们喜爱它的四时之美、晨昏之象、阴晴之韵，一泓碧水给南京城增添了无限风光和灵秀，而它对我们这座城市的水利价值，却不是人人都熟悉的。

　　每天，36 万吨净化过的长江水进入玄武湖。之后，通过玄武湖武庙闸、大树根闸、太平门闸、和平门闸 4 道出水闸进入城市内河水系，增加河道流通，改善城市河流水质。武庙闸连通珍珠河，排涝流量达 1.5 立方米每秒；太平门闸通向九华山沟、香灵寺沟，排涝流量达 0.7 立方米每秒；大树根闸与内金川河相连，排涝流量达 1.5 立方米每秒；和平门闸通过护城河与外金川河相接，排涝流量达 0.7 立方米每秒。其中最为神奇的闸口，就是位于玄武湖解放门附近的明城墙下的武庙闸，这座明代

武庙闸石槽

武庙闸弯曲的水槽

建成的水利设施至今仍在默默地发挥着作用。

　　明初，朱元璋在建造南京城时，利用秦淮河和玄武湖等水系作为都城的护城河。同时，为解决城内水系的排放与城垣的防御，确保城内居民的生活用水，控制城内河道的水位，避免旱涝时发生水患，就在秦淮河、玄武湖及其他河流的入水口处设置了水关、涵闸、涵洞20余处，较为著名的是秦淮河上的东水关、西水关以及玄武湖内的武庙闸。

　　武庙闸的工程设计水平在当时堪称世界一流，其设计颇为匠心独特。湖水进闸首先得经过弯曲的水槽，减低流速，缓解了水流对闸口的冲击。总长140米的隧道，由直径0.92米的铸铜管103米和铸铁管37米组成，隧道中设有一组随水流不断旋转的镰刀，可以斩断杂草，不使水道堵塞，也可以防止盗贼潜入城内。高达数丈的闸槽以阳山石材制成，槽内嵌以两块厚实闸板，通过辘轳的升降来控制水位，时称"通心水坝"。清同治以后，由于将府学旧址（现市政府大院内）改作武庙，此闸亦更名为"武庙闸"；又因其在古台城附近，所以又有"台城水关"之称。

　　其实，这座古闸的最初形成可以追溯到三国时期的吴宝鼎年间。据《玄武湖志》载："吴宝鼎二年（267），开城北渠，引后湖水流入新宫。"又载："刘宋大明三

年（459），在湖侧作大窦（洞穴），引后湖水入华林
苑内天渊池。"由此可见，朱元璋是在六朝城北渠的基
础上，修筑明城墙时预置涵管，建造了这座别具风格的
古闸。

　清同治十年（1871）三月，江苏省候补县丞管理后
湖委员王焕煃奉宪重修武庙闸，并于闸口勒石记事。从
碑文"重修青溪出水大闸、湖定桥进水涵洞，创造通心

民国时期的武庙闸

沟水坝"等文字中可以看出，武庙闸在当时还是个成套的水利工程。在这个意义上说，武庙闸的存在，对研究我国古代的水利建设技术具有重要价值。

据《续江宁府志》载：清代，武庙闸口置有一尊铸铁赤身和尚，面湖而立，以镇水怪。相传，远古的时候，有一水怪藏身在玄武湖底，常在凌晨时浮出水面兴风作浪，危害黎民百姓，搅得金陵城不得安宁。于是百姓只得去鸡鸣寺焚香，祈求大慈大悲的观世音菩萨。是夜，菩萨显灵，将水怪制服并锁于湖中，约定五更三点将其释放，水怪信以为真。但它哪里知道，从此金陵城只打

武庙闸

五更不敲三点。为防止水怪挣脱锁链，再次危害百姓，于是又铸了一尊赤身铁和尚置于闸口，永镇水怪。

1986 年 5 月，玄武湖景区重建武庙古闸景点。2003 年，武庙闸被列为国家重点文物保护单位。武庙闸景点环境清幽，苍松、翠柏、天竺、腊梅、龙

2016 年 11 月 11 日国家级水利风景区挂牌

爪槐等遍植其间，闸口水头跌落飞花泻玉、水声轰鸣、气势汹涌。三藏塔与药师佛塔遥对东西，极易发思古之幽情。

2016 年，鉴于玄武湖在抗洪排涝、改善城市水环境方面发挥的作用和其悠久的水利文化，国家水利部授牌，玄武湖景区成为国家级水利风景区。

湖民与湖神庙

　　据史学家考证，古代玄武湖的周边是南京城区最早适合人类居住的地方，人们"靠山吃山，靠水吃水"，在玄武湖边相应形成了一批依湖为生的居民。而真正湖民群体的形成，是在明朝灭亡后。随着后湖黄册库的消亡，玄武湖解禁，从镇江迁来的一批人到玄武湖落户生息，这批人成了湖民的主体。湖民的生活来源主要依靠玄武湖中的水产，为保渔业兴旺，他们供奉起了自己的湖神庙，而这湖神庙的前身却另有故事。

　　据《孤树裒谈》载，明王朝建立初期，所有官员每三年要入朝拜见皇帝，同州县的老人也一同前往。有一次朝拜的时候，明太祖朱元璋问一位老人，如果在玄武湖建黄册库，建筑的朝向应该怎样才合适？老人回答，此建筑应当东西朝向，早晚都可以晒到太阳，就不会有

湖民打鱼

黄册霉烂的担心了。朱元璋采纳了老人的建议，按此建
造黄册库房。相传，建议朱元璋将黄册库以东西向设置
的老人姓毛。在毛姓老人去世后，朱元璋为表彰他的功
绩，颁旨将其葬于梁洲黄册库旁，敕令为其建造一座神
祠。同时，为防鼠患，根据"毛""猫"的谐音，称此
神祠为"毛老人庙"，以此来为黄册库镇鼠护册。朱元
璋在春秋两季常率文武要员来此祭祀。

在封建社会，迷信往往也是一种统治手段。其实，
朱元璋此举只是增加了人们对玄武湖的神秘感，从而使
黄册库显得更加威严神秘，其主要目的是使百姓对黄册

清末民初的湖神庙

民国时期的湖民生活

的存放地——玄武湖望而生畏。

明亡以后，玄武湖水产养殖业恢复。湖民们认为，当初朱元璋以"毛"（猫）镇鼠，而如今"毛"（猫）同样可以食鱼，对养殖业极为不利。于是经过湖民公议，改"毛老人庙"为"湖神庙"，以祈求湖神赐福消灾，促进水产业兴旺。

清初，湖神庙香火旺盛。湖民们在捕鱼之前，都要来此设香案供品，祭拜湖神。由于受寺庙文化的影响，湖神庙在清代是商贾云集之地，玄武湖的湖产品均是从这里批发销售，老洲（梁洲）码头每天吆喝、叫卖声不断，这里买卖公平，童叟无欺。

进入民国，玄武湖湖民人数不断增加，从事的职业也从单纯的养殖业，拓展为划船业、水上植物栽培、农田耕作及果木栽培等。据统计，1939年时湖中湖民达162户。湖民中素有"五大姓"的说法，即夏、石、苍、朱、胡五个姓氏的湖民占全部户数的60%以上，且各类湖民组织的首领也都是上述五个姓氏的湖民。以木船作为游船，载客游湖的湖民成立了船业合作社；以渔业为生的湖民以洲为单位，每洲有自己的渔户头；从事农业生产的湖民有农会组织等。

从事游船业的一批女湖民，被称为"船娘"。她们熟悉南京的历史传说、民间故事，边为游客撑船边导

湖神庙外观

湖神庙与铜钩井

游，大多都身着白衣蓝裙，别有风韵。著名剧作家田汉曾来玄武湖体验生活，写出了电影剧本《船娘》，其中《船娘曲》流行一时，玄武湖亦名扬海内外。著名学者程千帆先生在他的《金陵感旧诗》中云："四十年前侧帽郎，北湖千顷踏秋光。重来一事增惆怅，不见风流夏五娘。"可见对玄武湖船娘的美好记忆。

　　中华人民共和国成立后，为扩建公园，同时也为了改善湖民的生活条件，南京市政府于1952—1953年对玄武湖内的湖民进行大规模搬迁，安置在玄武湖周边。很多湖民成为玄武湖公园的正式职工，湖民作为一个历史时期的群体，至此不复存在。

　　湖神庙在清咸丰年间被毁。曾国藩任两江总督时，于清同治十一年（1872）重建，又于光绪四年（1878）重修。中华人民共和国成立以后，湖神庙辟为展览馆，经多次修缮，2006年被列为南京市文物保护单位。现作为黄册库遗址纪念区的一部分，供人们参观。

非同一般的玄武门

　　相传"玄武"是北方之神,是一种龟蛇合体的灵兽,我国古代有"青龙、白虎、朱雀、玄武,天之四灵,以正四方,王者制宫阙殿阁取法焉"之说。所以古时皇宫或皇城多用"玄武门"来命名北面的门。众所周知的"玄武门之变",就是发生在唐朝首都长安城(今陕西西安)大内皇宫的北宫门——玄武门。明成祖朱棣在建北京城时,按照东青龙、西白虎、南朱雀、北玄武的方位,在故宫的北面修建了玄武门。康熙即位后,这个"玄武门"因避讳被改成"神武门"。

　　但是玄武湖景区玄武门的命名却与地理方位无关。19世纪60年代始,洋务运动在清政府普及。由于受西方文化的影响,光绪三十四年(1908),两江总督端方采纳了南洋华侨张振勋的建议,奏请光绪帝在丁家桥一

带举办由官商合办的大型博览会——南洋劝业会。为了
方便客商游览玄武湖，端方于宣统元年（1909）获准在
接近劝业路（湖南路）的明城墙段辟建新门，同时筑一
条堤径达洲上，时称新堤。此堤与明代修建的南至今假
山瀑布、北至今梁洲的翠虹堤相连，后来人们就把新堤
也称作"翠虹堤"。工程于当年 7 月开工，工程未竣，
端方移督直隶，后被摄政王罢免，建门工程由继任总督
张人骏接替。宣统二年（1910），新门落成。因张人骏
祖籍河北丰润，为表彰其建门之功，遂将新建之门命名
为"丰润门"。丰润门的开辟改变了过去游玄武湖"必

玄武门内长堤（20 世纪 50 年代）

清末民初的丰润门

自太平门出，非舟莫渡"的不便状况，更重要的是它标志着玄武湖已成为近代意义上的公园。

同年6月5日，南洋劝业会在南京开幕。《南洋劝业会游记》一书对玄武门的开辟有如下记载："元武湖，一名后湖，在太平门外。宣统元年，两江总督端方奏辟丰润门，门外筑一堤直达湖上，有藤肩舆可雇，每次一角。"据王曼犀《金陵后湖志》载："劝业场开，来宾日众，游憩湖亭胜地，名人备极，一时佳话。"

1928年4月，国民政府教育部呈文南京市政府，以南京诸多城门名称"有封建思想，涉及神怪谬说，于现代潮流不合"为由，要求市政府"将最有窒碍之各门的旧名一律取消，改用所立之新名"。此建议得到市政府的认可，并明确表示"首都所在，中外具瞻，城门名称，是以代表民族文化思想，亟应立予矫正，以期宣传革新主义"。在教育部的呈文中，拟请改丰润门为"中正门"，"以纪念蒋总司令领导革命，努力北伐之功"。5月，市长何民瑰呈文国民政府称："丰润门应改为'桃源门'，因丰润门外玄武湖具有世外桃源之观。"但以上这些建议均未被采纳。

1928年7月，经内政部审议，国民政府第九十六次委员会通过，将南京六座城门名称全部改用新名：朝阳门改为中山门，仪凤门改为兴中门，海陵门改为挹江门，洪武门改为光华门，神策门改为和平门，丰润门改为玄武门。决议中说明：改丰润门为"玄武门"，其意是"玄武湖泽被民生，玄武门名副其实"。玄武门因湖而得名。1929年4月，南京市长刘纪文函请国民政府要员为六座城门题写匾额，时任中央研究院院长的著名教育家蔡元培先生应邀为玄武门题写了匾额。

蔡元培题字玄武门

修建玄武门城楼

　　1934 年 9 月 5 日，南京市政府收到国民政府军事委员会的密令："将挹江、中山、玄武三门，添建城门。"这样，玄武门就由单孔城门改辟为现在的三孔城门，工程于 11 月 17 日结竣。

　　1984 年，为庆祝中华人民共和国成立三十五周年，在玄武门上方修建了竹木结构的城楼。历经多次维修保养，城楼至今仍然屹立在玄武门之上，显得古朴而壮观。

玄武门今景

    如今，这座与地理方位毫无关系，而是因湖得名的玄武门，已成为玄武湖景区最主要的出入口，也是玄武湖乃至南京这座城市最显著的地标之一。

南京罕见的藏传佛教纪念地

　　"南朝四百八十寺，多少楼台烟雨中。"唐朝诗人杜牧在他的诗中描绘了南朝佛教的兴盛。南朝众多的寺庙绝大部分在南京，经过历朝历代，南京的佛教文化不断传承和发展，如今也成为旅游资源之一。玄武湖景区的周边就有广为人知的寺庙景点，解放门外，鸡笼山东麓有"南朝第一寺"美誉的鸡鸣寺；太平门外，九华山上有纪念三藏法师的玄奘寺。玄武湖景区内也有一处佛教纪念地，但它却蒙着一层神秘的面纱。

　　在玄武湖景区环洲东北角，有一座仿古建筑和临水矗立的流光宝塔，那就是为纪念诺那大师而建的莲华精舍（俗称"喇嘛庙"）和诺那佛塔。莲华精舍是一座面阔三间的单檐歇山式殿堂，殿堂四壁各嵌以菱形格子窗棂，琉璃碧瓦的殿脊上，雕有蛮吻、鸱吻、骑鸡老道、

喇嘛庙

螭等，形制古朴，殿堂前为水泥丹墀，东面壁下方嵌有碑石，上书"诺那师佛纪念塔庙奠基，弟子柏文蔚等敬立"等字样。诺那塔位于喇嘛庙东侧，为九级六面，钢筋水泥结构。塔身通体白色，塔檐置绿色琉璃筒瓦，底级六面，四面刻有国民政府司法院院长居正撰书的《普佑法师塔碑铭》，全文2114字，详细地介绍了诺那大师的生平。

喇嘛庙建于1937年，是为纪念藏传佛教大师诺那呼图克图而建。诺那，清同治四年（1865）五月十五日生，本名逞列匠磋，西康思远（今西藏昌都）人，幼年被诺那寺选为呼图克图转世灵童，7岁被迎请诺那寺就位，法号嘎纳。光绪六年（1880），15岁的诺那呼图克图内附清政府。在光绪二十七年（1901）的白马岗战役与

毗那塔

光绪三十四年（1908）的波密战役中，诺那都站在清政府一边，对西藏地方分裂势力采取了武力剿平的措施，并重建释迦、莲花生诸寺。

民国初期，诺那仍然依属国民中央政府。在1913年10月英国策划的"中印藏会议"（即西姆拉会议）期间，他呼吁中央政府代表切勿在条约中签字。之后又自己出资率子弟兵协助汉军，意图收复金沙江失地。在昌都之役中他被藏军俘虏，囚禁六年，后不肯降藏，只身逃脱，赴尼泊尔。

1925年，诺那由尼泊尔回到北京，受到段祺瑞的接见。他向段祺瑞陈述恢复失地的策略，受到段祺瑞的赞许。后由国务院参事李大钧介绍给四川刘湘，并在四川布席传教三年，声名日振，信徒众多。刘湘后又将诺那引荐给蒋介石，从此，诺那由宗教界走向政界，成为政教合一的人物。

1929年，诺那抵达南京，被任命为蒙藏委员会委员、立法院立法委员。在南京的八年中，诺那已熟练地掌握了方言，了解民俗风情，并向当地群众传授佛法，使"受法者如坐春风，如饮甘露"。1931年，侵华日军企图策划溥仪潜往东北，为伪满洲国傀儡政府"执政"。诺那通电溥仪，呈请其不要为异族所利用，表现了其反对外族侵略、维护祖国统一的意愿。

喇嘛庙（1937 年）

喇嘛庙今景

　　1935 年，诺那被任命为西康宣慰使，返回西康。
1936 年 4 月，红军进攻瞻化，诺那被亲藏头人巴登劫获，
送往红军驻地。在红四方面军总部，诺那在红军民族政
策的感召下，自愿教红军指战员学习藏语、藏文等。5
月 9 日，诺那自感病重难愈，于是绝食谢医。5 月 12 日晚，
诺那去世，享年 72 岁。红军总部按藏传佛教最高礼仪，
为诺那举行荼毗礼。参加葬礼的有普王隆呼图克图那根
居果、折格寺大喇嘛白马丹尊等八名宗教界人士和地方
头人。红军高级将领也参加了仪式，并给予诺那很高的
评价。

　　诺那去世后，西康诺那呼图克图驻京办事处、西康
宣慰使驻京办事处联合在玄武湖环洲为诺那建塔盖庙。
民国期间，喇嘛庙是南京市政府接待西藏地区宗教首领
的地方。

　　中华人民共和国成立后，喇嘛庙几经修缮，得到了
很好的保护，作为南京较为罕见的藏传佛教（红教）的
纪念地，2012 年被列为市级文物保护单位。

南京第一座正规的动物园

　　人类似乎与动物有着先天的亲近感，所以动物园往往是一个城市比较热门的旅游点。而玄武湖动物园对于 20 世纪出生的南京人来说，不仅是游览的好去处，更是一段美好的记忆。

　　玄武湖动物园于 1954 年竣工开放，是南京第一座正规的动物园。其前身是 1928 年的 "动物苑"。1928 年 8 月 19 日，玄武湖作为公园正式对外开放。为增加游园活动内容，根据玄武湖管理局请求，江苏省政府致函南京市政府，同意从常州第一公园内调拨猴类，在玄武湖建 "动物苑"。所谓动物苑，就坐落在梁洲与翠洲二洲交界处湖边，几只笼舍内饲养着猴类、鸳鸯、兔类等小型动物，规模极小。抗日战争前夕，动物苑被毁。战后，园林管理处在梁洲重建小规模的动物园，种类稍

动物园票亭（20世纪50年代）

多于原先的动物苑。

　　中华人民共和国成立后，玄武湖管理处对梁洲动物园进行了部分改造，并新增了一些动物。至1953年，梁洲动物园的面积约5亩左右，动物品种达46种、290头。1954年1月底，动物园由梁洲迁至菱洲。同年4月初，开始筹建鸣禽室以及水禽、猛禽、孔雀、鹿、兔、猴、狼、狐笼舍等13项工程。5月15日，工程完竣。5月18日，玄武湖动物园正式对外开放。当时，动物园内共有动物4类（鱼类、爬行类、鸟类、哺乳类），116种833头（只）。1955年，动物园先后建成了鸽亭、猴山、水族馆、熊猫馆、鳄鱼池、猛禽室、第二鸣禽室等10项工程。同年，动物园陆续繁殖了孔雀、珍珠鸡、梅花鹿、金鱼和

动物园鸽亭

动物园水族馆

鸟类等动物，总数为 1650 头（只）。1979 年 8 月，长颈鹿馆建成。1980 年以后，又先后建成山魈馆、猩猩馆、繁殖室。1984 年动物园建园 30 周年时，全园动物圈存量达 152 种、2000 头（只）。

玄武湖动物园利用菱洲自然的地理环境而形成独特的格局。它周围既没有高墙，也没有栅栏，只是凭借西侧一条不宽的河道与洲外相隔，利用天然环绕的湖水，使动物园相对独立化。园内沿岸植以果树，水面漂浮着莲花，再衬以白色的飞禽雕塑和错落有致的喷泉，使园内外景色融于一体。这种借景的艺术效果，在其他城市的动物园中几乎是罕见的。

长颈鹿馆

　　园内的水族馆、熊猫馆、鸽亭、长颈鹿馆、蟒蛇亭、猛禽笼、猴山、熊池等处，或因其独具风格的建筑设计，或因与园林景观相映成趣，或因馆内动物的观赏性，吸引了无数游人来此流连，成为美好的记忆深深印在人们的心里。特别是一进动物园左右两边的水族馆和熊猫馆，水族馆位于动物园的东南面，是动物园早期建筑之一，它歇山飞角，红柱廊屋，嵌花门窗，配以淡色的墙壁，显得分外典雅端庄，颇有古典建筑的特色。馆内展有形态各异、色彩斑斓的金鱼。凡到动物园游玩的游客，必然会去水族馆参观。水族馆的西面是熊猫馆，其建筑风格类似于水族馆，和水族馆堪称一对"孪生建筑"。熊猫馆共有三间展厅，左厅和中厅为大熊猫栖息处，右厅则是小熊猫栖息处，更具吸引力。

　　经过多年的建设，玄武湖动物园成为玄武湖公园最吸引游人的项目，平均年游人量达200万人，同时也成为全国著名的东北虎繁殖基地、华东地区最大的赤袋鼠与灰袋鼠的繁殖基地。

　　后因动物园发展的需要，南京市政府在地处城北的红山公园重建一座大型动物园，玄武湖动物园在1998年底整体搬迁至红山森林动物园。1998年9月6日，是玄武湖动物园对外开放的最后一天，闻讯前来参观的人流如潮，很多都是怀着惜别之情而来。自1954年动

1998 年动物园搬迁

物园正式对外开放始，已经历了 45 年，在南京人的心目中留下了难忘的印象，曾为 8000 多万游客带来欢笑。经历过的人们，至今想起来一定还记忆犹新，历历在目。

为珍藏、寄托这些美好的情感，玄武湖景区在原动物园区域即将建设的生态儿童乐园设计时，考虑原样出新水族馆、熊猫馆两处建筑，为我们这座城市唤醒一段美好的记忆。

历史悠久、蜚声中外的荷湖

在其漫长的历史行程中，玄武湖几易其名，命名的依据大多与地理方位和发挥的作用有关，唯一一个以物产而得名的"荷湖"，却是外国人使用的名称。20世纪德国摄影家赫达·哈默尔在1945年出版的《南京》

荷花盛开

一书中有专门一个章节描述玄武湖，书中写道："荷湖位于城墙峻峭绵长的东北段脚下，它拥有舒展的广袤和丰富、自然的秀美，是南京最具魅力的名胜之一……夏季湖中荷花繁茂艳丽，'荷湖'由此得名，但只有欧洲人使用这个名称。"可见玄武湖荷花的声名远扬。

远在青铜器时期，南京的先民就择水而居，为了生存的需要，一般都聚居在秦淮河两岸和玄武湖畔，而这些地带恰是野生荷花的分布区。甘甜清香、美味可口的荷藕，成了先民们果腹充饥、维持生活的必需品。在长期不断地生产劳动中，人们对朝夕相处的荷花的生长习性、生存环境等积累了丰富的认识，培育出了许多名贵品种。著名的大型品种"玄武红莲"，因出自玄武湖而得名。如今，玄武红莲已遍及祖国各地，在江南一带当属首屈一指。

玄武红莲

六朝时，玄武湖的荷花已是负有盛名。据《宋书·符瑞志》载："孝建二年（455）六月庚寅，玄武湖二莲同干。"即人们常说的"并蒂莲"。中国有"莲开并蒂，百年好合"之意，民间将其视为吉祥物，称其为"瑞莲"。那时，玄武湖所产荷叶即已著名，梁敬帝太平元年（556）出现的"荷叶裹鸭"特产就是用玄武湖的荷叶制成。

清代，玄武湖已是满湖荷花，蔚然壮观。据《江宁县志》载："湖中芙蕖特茂，盛夏季节，红裳翠盖，苕亭矗立，弥望及天，花叶之罅，萦纡一水，才能通舟倚舫，仰观反出叶下。"可见当时玄武湖荷花之盛。在玄武湖的五洲名称中，就曾有"莲花洲"（今梁洲）之称。

满湖新叶

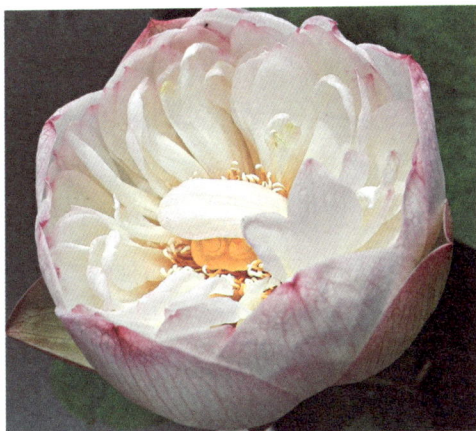

缸植品种荷花

清同治十一年（1872），曾国藩任两江总督时，重建湖神庙，新建赏荷厅。湖神庙大小二十五间房屋和披厦走廊均有匾额、楹联，王曼犀《金陵后湖志》中有记载，如"水国花乡""菡萏风清""荷花世界柳丝乡""荷花新世界，杨柳古楼台""大地少闲人谁能作风月嘉宾湖山胜友，六朝多故迹我爱此荷花世界鸥鸟家乡"。通过这些题字不难看出，当时玄武湖荷花受青睐的程度。

玄武湖除了荷花有观赏价值之外，荷叶也是每年一项大宗的湖产收入。清代起，玄武湖的荷叶有了专卖权。光绪四年（1878），地方政府分别在玄武湖、莫愁湖等地勒石立案声明禁例："凡后湖人民只准卖荷叶，不准卖藕；而沙漫洲、七里洲、莫愁湖等处只准卖藕，不准卖荷叶。"光绪二十七年（1901），清政府再次颁布规定："后湖之荷，卖叶不卖藕；莫愁湖之荷，卖藕不卖叶。"（清《金陵后湖志》）1928 年 1 月 9 日，市府布告称："令公安局通令各区署、各城门稽查所，市内只准行销玄武湖荷叶，他处私叶不得在市内销售，以保护玄武湖荷叶的行销专利权。"玄武湖荷叶的专卖权直到 1949 年南京解放才告终止。

中华人民共和国成立后，景区建设利用地理优势和自然资源，在樱洲与环洲之间的内湖打造了"莲花港景区"，开辟了"荷花品种园"。20 世纪 50 年代末，日

内湖莲花港

本莲花专家大贺一郎博士将一百颗在日本地层中沉睡了
两千多年的古莲子赠送给了郭沫若，郭沫若遂将这些象
征着中日友好的莲子转赠给了上海、南京、杭州等地，
其中就有十颗莲子在莲花港内生根、开花、结子。

　　2003 年，在环洲芳桥一侧建成莲花广场，湖中竖
立了一座高 12 米的荷花仙子的雕像，"荷花仙子"取
材于历史上"每年湖民在采摘莲叶之时，都要在农历六
月二十四这天，去湖边祭拜'六月花神'，即荷花仙子"
的习俗，并被打造成玄武湖作为荷湖的标志性景观。

　　如今，玄武湖景区荷花品种日渐丰富，赏荷面积
不断扩大至 500 多亩，成为南京市内夏季赏荷的首选之

荷花仙子

地。荷花节已成为玄武湖景区传统、定期举办的园事花事活动。每年夏天，景区以荷花搭台，组织各类丰富多彩的文化活动，深受游人喜爱，也让"荷湖"更加名副其实、名扬四海。

远近闻名的物产

　　玄武湖历史上面积辽阔、地肥水美，孕育了许多丰美的物产。上到皇家供品，下到百姓餐食，约有十六七种，都是声名远扬，说起来让人垂涎欲滴，这里略撷一二道来。

　　先来说一说玄武湖的樱桃。玄武湖栽植的樱桃，远在六朝时已有相当规模，故有"六朝烟水最迷人，玄武樱桃可染唇"之说。当时，六朝皇家园林中，种植樱桃是必不可少的。殷红的樱桃象征着吉祥富贵，历来是皇家在祭祀宗庙时不可或缺的供品。明清时期，玄武湖各洲皆植樱桃，湖民房前屋后都以植樱桃树为主，成为当时一景。玄武湖樱桃主要品种有"银珠""东塘""细叶""垂丝""青叶"，尤以"东塘"产量最多，果粒较大，口味甘甜，为南京樱桃之冠。每当四五月间樱桃

樱洲赏樱

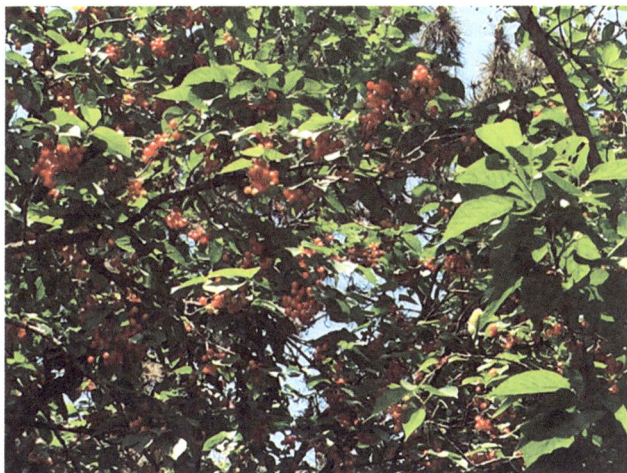

樱洲的樱桃

成熟之时，娇红艳丽，视同异珍。清代张通之在其《白门食谱》中说："后湖洲多樱桃树，果熟之时，以小篮盛之出售，其味鲜美，游人各购一篮归，举家同食，老少共爱之，往往一篮为不足也……故每果熟之时，不多时已售罄，人即取其鲜焉。"

玄武湖的樱桃还成就了康熙皇帝的一段佳话。清康熙四十四年（1705）四月二十二日，康熙第五次南巡，途经江宁（今南京）时，驻跸江宁织造府内。时值玄武湖樱桃成熟季节，江宁织造曹寅派人连夜前往玄武湖，采摘樱洲之樱桃，进献给康熙帝。康熙一见这殷红如珠的樱桃，甚是喜悦，忙说："先进皇太后，朕再用。"

立即派随行差官快马送往京城。康熙这种"以孝治天下"的精神，令在场之人深受感动，也让玄武湖的樱桃身价倍增。

玄武湖樱桃的美妙，在现代作家的笔下也得到了传扬。20世纪30年代初，著名作家、诗人朱自清游玄武湖时说："湖上的樱桃最出名，樱桃熟时，游人在树下现买、现摘、现吃，谈着、笑着，多热闹的。"久居香港的南京籍作家叶灵凤先生，一见到樱桃或提到樱桃就感到特别亲切，他深情地说："因为我家乡的玄武湖一向以出产樱桃著名，湖上有几座小洲，居民以种植樱桃为业……春深了，洲上的樱桃成熟，在细碎茂密的绿叶之中，一簇簇的红樱桃真像珊瑚珠。这种情景，从小到大，从大到老，都使我难以忘记。"

再来聊一聊玄武湖的藕粉。历史

玄武湖莲子育种

玄武湖莲藕育种

上，玄武湖种植莲藕的面积很大，而且品质出众，明代顾起元的《客座赘语》中，描写玄武湖的藕"巨如壮夫之臂，而甘脆无渣滓，即江南所出，形味尽居其下"，堪称江南藕中的极品。玄武湖藕制成的藕粉也是馈赠佳品，民国夏仁虎的《玄武湖志》中写道："湖民沥藕液晒干之，制为藕粉，片片如霜雪，曰'后湖藕粉'，匣装之以为馈贻之品。"南京人在逢年过节、探亲访友之时，总不忘带上几盒后湖藕粉，作为礼品相送。当时湖内几家著名的茶馆酒铺，如"红杏坞""听莺轩""五洲春""爱莲居"等都在经营的项目中推出"后湖藕粉"这一名点小吃，以此招徕顾客。一碗清香的藕粉，洒上白糖和地产的桂花，其味真是妙不可言，那真有一种沁心润肺之感。当时秦淮河畔几家著名的小吃店，都来玄武湖购买藕粉，加工制成"糖粥藕""酒酿元宵"等，以增加小吃的黏度和口感，并形成了富有地方特色的"秦淮小吃"。

20世纪50年代打鱼场景

捕鱼的水鸟

玄武湖的莲子也是优良品种，入水煮之，一沸而烂。

　　除了樱桃和莲藕，玄武湖的鲫鱼、茭白、板菱、湖稻也都独具特色。历史上玄武湖曾是南京的"活鱼库"，淡水鱼类丰富，其中最著名的是"后湖鲫鱼"，体黑、头小、鳞带金色。《白门食谱》记载："后湖之鲫鱼，大者一尺余，不易得。钓者须于天未明时，持竿垂纶，以待此鱼。只天明时一游水面，过此时即深藏，故不易得。其味绝佳。"玄武湖的茭白生长在湖滨，《白门食谱》亦有评价："后湖之茭白肥而嫩，易烂而味鲜，他处所产，多不能及。金陵人士，尝爱食之也。"玄武湖盛产菱角，菱洲因此得名，玄武湖的板菱大而红。《客座赘语》载："大红板菱入口如冰雪，不待咀嚼而化。"

樱洲的樱桃树

玄武湖历史上曾作为稻田，湖田在清乾隆时还有七十余顷，种植的红粳水稻早熟，秋初即可收获，煮熟后香飘四邻，吃起来风味完全不同于其他稻米。

如今成为旅游景区的玄武湖，已不再生产这些优良物产，但是樱洲上的樱桃树依然年年开花、结果，还能给今天的人们留以记忆和想象的空间。

列入非遗名录的菊花展

　　"待到重阳日，还来就菊花。"重阳节赏菊的风俗，在我国相沿已久，菊花以其高洁、傲霜的品质，深受世人的赞美。古人把梅、兰、竹、菊称作"花中四君子"。明朝以前，南京的菊花多出自玄武湖畔的园圃，由于土地肥沃，加上花匠们精心培植，所以每到秋分之际，这里花团锦簇，游人如织。爱菊者竞相选购，赏菊者更觉其乐无穷。明清以后由官方举办的第一个菊花节，就是民国三十六年（1947）在玄武湖公园举办的"首都第一届菊花大会"。

　　1947年11月，南京市政府园林管理处在玄武湖举办了盛况空前的"首都第一届菊花大会"，主会场设在翠洲音乐台，会场门前用黄色菊花扎编成的"菊花大会"四字，分外引人注目。四周彩旗飘扬，陈放在展台上的

1947 年首都菊花大会

参展艺菊都有标号和名称，以便评委评选，如其中的"柳浪闻莺""白鹤回风""金钩挂月""青丝万缕"等，均为参赛中的精品。

11 月 1 日下午 2 时，菊花大会正式开幕。当日，晴空万里，碧空如洗。由教育部投资建造的音乐台也同时在翠洲落成，中外来宾济济一堂，南京市市长沈怡亲临会场主持揭幕仪式并致开幕词。随后，中华交响乐团、新疆青年歌舞团先后演出了精彩的音乐歌舞节目。

11 月 12 日是孙中山先生诞辰 81 周年纪念日，大会为表示庆贺，并感谢首都各界对本届菊花大会的热情支持，特邀请了中央广播电台音乐组到会演出。表演气氛十分热烈，把菊花大会再次推向高潮。本届菊花大会采取评选、销售同时进行的方式，深受参观者与参展者的好评。

20 世纪 50 年代菊展造型

　　中华人民共和国成立后，玄武湖更是年年举办菊展，从规模和形式上已远远超越 1947 年的菊花大会。

　　1957 年举办的菊花展，展出菊花 47000 多盆，品

第七届中国菊花品种展

种 1035 种，园艺工人精心制作了菊园、菊山、菊亭，
特别是用 9 万多株"千日红"塑成的列宁像高达十余米，
背面菊花屏高 4 米，长 20 米，蔚为壮观，受到了参观
者的赞叹。

　　多次成功举办菊展为玄武湖赢得了盛誉。由于展出
地点基本设在梁洲，于是梁洲便有了特色景观"梁洲秋
菊"。玄武湖公园也因多年的办展积累，培育了许多新
品种，最多时拥有菊花品种近千种，成为全国菊花引种
基地。20 世纪七八十年代，玄武湖菊展期间经常组织
书画艺术家的笔会雅集，为玄武湖菊花展增添了浓郁的
文化气息，也留下了大量宝贵的艺术精品。

菊有傲霜枝（魏紫熙、赵绪成）

　　2001 年 10 月 26 日，"第七届中国菊花品种展"在玄武湖拉开帷幕。这是中华人民共和国成立以来玄武湖首次举办的全国性菊花展览，来自全国 12 个省市的近 40 家单位在玄武湖建造了 21 个以菊花为主题的室外景点，寓意改革开放后的中国迈进了崭新的 21 世纪。

　　随着玄武湖菊展的逐年举办，景区不断拓展活动内容、加强外部合作。2006 年举办的 "2006 中国·南京菊花大会"就是一次成功的尝试。菊花大会以"菊花·生态·和谐·清雅石城"为主题，共投入 1000 余种、20

渊明爱菊（傅小石、陈慎之）

菊花盆景

菊花精品

万盆菊花，堪称南京举办的规模最大的一次菊花大会。大型名贵菊花展、重温流金岁月、形象小姐评选、插花花艺大赛、东北二人转表演、美食节、中秋之夜诗歌会、菊花摄影大赛、菊文化高层论坛、赏菊品蟹、重阳敬老等十余项精彩的主题活动环环相扣、动静结合、雅俗共赏。菊花大会参展单位多、规模大，除了本市各区县绿化所、园林单位外，南京军区司令部、河海大学、南京农业大学、上海梅山钢铁公司、南京钢铁集团、南京第十四研究所、晨光集团等驻宁部队、大型企业、高等院校也热情加盟。同时，芜湖、合肥、镇江、扬州、淮安等周边城市也来为菊花大会锦上添花。

在梁洲办菊展的基础上，玄武湖景区又于2015年10月在和平门区域建成了"采菊向秋园"，丰富了赏菊景点，拓展了景区赏菊文化的内涵。玄武湖菊花展如今已成为深受南京市民喜爱的传统花事活动，2012年被列为玄武区非物质文化遗产名录，2013年被评为南京市"我们的节日"首批示范活动。

南京国际友好往来的记录

　　中华人民共和国成立后，玄武湖公园作为南京市最大的综合型公园，被市政府列为对外交流的重要窗口，先后接待了大批的外国元首和国际友人，留下了世界人民和平友好往来的难忘记忆。

　　1949 年之后，中苏友谊得到进一步发展，全国上下纪念活动层出不穷。1952 年 10 月，为纪念苏联"十月社会主义革命" 35 周年，南京市组织了 "中苏友好月" 活动，上万名报告员、宣传员在全市广泛宣传中苏友好的重大意义。11 月 27 日，举行 "中苏友好广播大会"，掀起中苏友好月活动高潮。位于玄武湖景区樱洲北面的樱洲长廊也记录着中苏友好的一段历史。

　　樱洲长廊始建于 1954 年，初为竹木结构，由已故国家名誉主席宋庆龄捐资修建。20 世纪 50 年代初，宋

中苏友好画廊

中苏友好长廊的竹亭

庆龄在南京期间，荣获一笔国际和平奖，遂将这笔奖金转赠给南京市政府，并用此款在樱洲建造了一座蜿蜒曲折的长廊。因宋庆龄时任中苏友好协会会长，所以长廊被命名为"中苏友好长廊"，西端则命名为"中苏友好画廊"。当时廊内陈列着一些关于中苏友好的宣传画，橱窗内的海报中常向游人推荐一些苏联的优秀名著，如列夫·托尔斯泰的《战争与和平》《复活》，肖洛霍夫的《静静的顿河》，尼古拉·奥斯特洛夫斯基的《钢铁是怎样炼成的》，以及马克西姆·高尔基的《母亲》等。

樱洲长廊为竹木结构，所有的柱、梁、栏杆都保持着竹木外皮的天然本色，古拙中显示着雅致，粗犷间使

樱洲长廊

人欣赏到风趣，是我国园林中的佳作，因而倍受游人的称赞，中苏友好长廊在当时也是园区最为吸引游人的一处胜景。由于竹木建筑经不住日晒雨淋和昆虫的蛀蚀，极易造成损坏，1963年，玄武湖管理处在原地按原式样改建为钢筋混凝土结构。

1971年初，柬埔寨国家元首西哈努克亲王到访中国，来到南京。在叶剑英元帅陪同下，在玄武湖友谊厅观看了南京小红花艺术团的演出，并经环湖路游览了玄武湖。环湖路建于1929年，为土路，长4032米、宽4.57米，虽于1936年拓宽路基至6.5米，铺弹石路面4.5米，但依然狭窄、不平。早在西哈努克来之前的大半年，省市政府就接到了通知，时任南京军区司令员的许世友召集了各行业各企业的工人，分段、分点承包环湖路，将小路进行了扩建，并第一次在环湖路铺上了沥青，同时还在马路两边进行了绿化，并在十里长堤和玄武门至和平门段建了两座亭子，路和亭子被民间俗称为"西哈努克路"和"西哈努克亭"。

1978年12月21日，南京市与日本名古屋市结为友好城市，这是南京市第一次与国外缔结友好城市。南京市赠送了一对华表，安置在了名古屋市中央公园；日本名古屋市友好代表团在玄武湖公园梁洲栽植了四株香樟，作为结好纪念。自此，玄武湖动物园与名古屋市东

中荷友谊树银杏

中德友谊树红枫

山动植物园也开展了长期的友好交流。1979 年，玄武湖动物园赠予东山动植物园一对丹顶鹤、一对河麂；对方回赠了一对达依安娜猴。1980 年至 1992 年，玄武湖动物园先后赠送东山动植物园兔狲一对、扬子鳄一对；对方赠送长颈鹿 3 只、红猩猩一对、金鱼 20 尾。双方在动物养殖、管理等方面取长补短，相互促进。

从那时起，南京市政府多把对外友好交流的纪念活动放在玄武湖景区。世界各国与南京市结为友好城市的代表团，都喜欢在玄武湖景区种下象征友谊的树木或花卉。1979 年 11 月 2 日，中美两国第一对友好城市——南京市与美国圣路易斯市缔结友好关系，美国代表团在玄武湖公园樱洲种植了四棵马褂木。1980 年，南京市与意大利佛罗伦萨缔结友好城市，意大利代表团在玄武湖樱洲种下了四丛月桂树。此后到 2000 年，南京市又与荷兰埃因霍温市、德国莱比锡市、墨西哥墨西卡利市、塞浦路斯林马索尔市等外国城市结好，都在玄武湖公园樱洲

中美友谊树马褂木

留下了友谊树，有红枫、四照花树、银杏、橡栎等品种。

如今，这些当年种下的小树苗都已树大根深、枝繁叶茂，美化了园林景观，净化了景区空气，优化了生态环境，更作为南京国际友好交往的记录而承载着特定的历史价值。

一票难求的游园券

　　2010 年 10 月 1 日，玄武湖景区全面免费开放，从此，人们可以自由地出入景区而不需要任何票券。但在 20 世纪七八十年代，玄武湖公园"五一""十一"的游园券，可真是一票难求。

2010 年国庆节游人如织

中华人民共和国成立以后，玄武湖公园成为南京市举办各类庆典、展览、演出等重大活动的主要场所。1949 年 10 月 6 日—10 日，南京市政府为庆祝中华人民共和国的诞生和欢度中秋，在玄武湖举办了为期五天的"军民联欢游湖大会"。游湖活动有精彩的文艺演出，节目内容丰富多彩，多以传统戏剧、曲艺话剧为主。湖面上市属企业和驻宁高校组成的划船队，展开激烈的角逐。除了各种游艺活动和文艺演出外，南下野战部队还在翠虹堤、白苑展示了在解放战争中从敌方缴获的各种军械、武器和图片，反映了我国人民解放军威武之师英

国庆彩船

勇顽强、不屈不挠的战斗精神。一些著名的书画家参加了翠洲茶社举办的画像义卖活动，并将卖画所得捐给了游湖大会。夜晚，皎洁的月光洒满湖面，火炬随着载歌载舞的人们在草坪上跳跃，露天舞台放映着纪录片《百万雄师下江南》。五天的游园活动，有近12万人沉浸在欢庆解放、当家做主的无比喜悦之中。

此后，几乎每年的"五一""十一"，玄武湖公园都要举办盛大的游园会，内容主要有戏剧、歌舞、杂技、曲艺等表演，体育竞赛，政治宣传图片、科普、花卉等展览，灯谜、套圈、钓鱼等娱乐活动，交谊舞会，

纪念十月革命文艺演出

游园文艺演出

电影放映……由于游园会活动丰富、艺术水准高、趣味性强，有很多是举全市之力举办的，所以成为人们欢度节日的首选去处。

　　"文革"期间，玄武湖的游园活动被披上一层神秘的面纱，参加游园活动成为广大普通市民的一种渴望。当时，由于受极"左"路线的影响，在"以阶级斗争为纲"的年代，玄武湖的"五一""十一"游园活动均由市政府成立的"游园指挥部"统一发放游园券，券面印有编号，游人须持票入园。在1972年的"五一游园指挥部"规定中，明确写道："加强对游园群众的政审，要教育群众遵守纪律和规定。"游园券均编上号码，出身不好的不发，出了问题按号码可以查到人。

"文革"之后，"五一""十一"的游园券虽然不再有政审的要求，但是依然紧俏。公园在"五一""十一"期间不卖门票，入园凭游园券，游园券仍由市政府成立的"游园指挥部"统一发放，每个节日几万到十几万张不等。

游园券的设计也经历了从繁到简的过程，早期的游园券图文并茂，如1977年国庆的游园纪念券，左上方绘有天安门，整个画面是手持齿轮、麦穗、钢枪的工农兵形象和10名身着民族服装的青年男女、少先队员载

1977年游园券

歌载舞、欢度国庆的形象，右边印有日期和"游园纪念"字样。到 20 世纪 80 年代末的游园券，就只在彩色纸张上印有"玄武湖入园券"的字样，而没有图画了。

当时，游园券分发到全市各个单位，由单位发到个人手上。每个单位分到的游园券都有限，怎么发游园券就成了难题。有的单位采取抓阄的办法分配；有的单位就采取轮流"坐庄"，今年发给一部分员工，明年再发给另一部分员工。从单位领到游园券的人，回家后还有麻烦，因为当时游园券是一天一种颜色，上面有日期并写有"隔日作废"的字样。家中其他人领回的游园券日期大多不一样，要想一家人在同一天去游园，还要找朋友或邻居换票。没有领到游园券的人也会到公园门口碰碰运气，看有没有人有余票，那时叫"兜票"。由于当时文化娱乐活动缺乏，即使困难重重，依然遏制不住人们参加游园活动的热情。

20 世纪 90 年代初，市政府接受群众意见，节日不再发游园券，公园正常开放。公园游园券这个计划经济下的产物，终于退出了历史舞台。

舌尖上的记忆

俗话说得好，"民以食为天"。美食不仅能给人带来味觉上的口腹之欢，也能作为一种情感深藏于你的心间。玄武湖景区能让人流连的不仅是风景，还有这舌尖上的美好记忆。

玄武湖自古就有南京"活鱼库"之誉。清代，吴敬梓在其《儒林外史》中写道："玄武湖内有七十二条渔船，清晨市面上所售鲜鱼，皆出自湖内。"《白门食谱》载："后湖之鱼，体大而肥，其味极佳。"有此得天独厚的条件，理所当然地成就了玄武湖

八鲜活鱼

第一道美食——八鲜活鱼。

　　八鲜活鱼顾名思义，其关键在于"活"，主料得选 750—1000 克的活鲤鱼现场制作，因鲤鱼活性较强，即使宰杀数十分钟后，依然能动，因此给人留下鱼仍活着的假象。制作这道菜的关键在于快，从宰杀、刮鳞、烹制到上盘，全过程只有 5 分钟。此外，掌握火候也是重要一环，恰当的火候与油温决定着鱼的口感，过火则焦，欠火不熟。鱼走油锅之时，另一只锅同时将配备好的虾仁、火腿、香菇、银杏等八鲜佐料勾芡待用，待鱼出油锅，立即浇上。一条色泽金黄的鲤鱼与口味鲜美的

白苑

八鲜交相辉映，鱼肉入口酥脆松软、甜咸适中，令美食爱好者赞不绝口。

八鲜活鱼推出不久，便在港澳地区的食客中引起轰动，纷纷组团前来品尝。凤凰卫视还专程来宁录制了一档节目，播出后在香港产生巨大反响。20世纪七八十年代，南京人操办婚庆喜宴，都爱选择玄武湖的白苑餐厅，一是这里环境优雅，二是冲着八鲜活鱼而来。当时的白苑餐厅以做鱼宴著称，除了八鲜活鱼，豆瓣鱼、芙蓉鱼片、松仁鱼米、三丝鱼卷、菜核鱼酥等各式鱼肴制作精巧、口味纯正，堪称一绝。

另一道美食"荷叶裹鸭"，和一段历史有关。南朝太平元年（556）六月，北齐欲使梁武帝侄子萧渊明来建康为帝，企图把梁作为北齐的附庸。此举，遭到陈霸先的反对，并立萧方智为帝（梁敬帝）。此后，北齐派徐嗣徽率兵十万攻梁。陈霸先屯兵乐游苑、覆舟山一带，与齐军对峙，命军士以茭米煮鸭。梁军饱食后，将剩余的鸭饭相拌，采摘玄武湖中的荷叶将其包裹，揣入怀中。两军大战时，怀中的荷叶裹鸭散发出诱人的香气，使得士气大振，北齐军遭到重创而溃败，大将徐嗣徽被梁军活捉。从此，"荷叶裹鸭"成为金陵佳肴，享誉大江南北。

20世纪七八十年代，根据这段历史传说，玄武湖推出了"荷叶裹鸭"这道美食。精选湖熟麻鸭，宰杀去毛后，从脖颈处开刀，取出内脏，放入清水中浸泡2—3个小时，之后拎出浸入老卤缸中。那时玄武湖有好几口老卤缸，口径都在1.5米左右，里面装的是用葱、姜、大茴香、小茴香、八角、桂皮等各色调料煮制而成的腌鸭卤。因为每浸泡过鸭子一两次后，此卤都要回锅再熬制，反复使用，所以称为老卤。鸭子的口味全靠这老卤。鸭子在老卤中的浸泡时间要依据季节和气温的不同而定，一般是夏季泡3—4个小时，冬季要泡10个小时以上。时间到了，拎出鸭子挂在阴凉处晾干，待鸭子表

20世纪80年代的白苑

皮光滑发亮时，将葱、姜从脖颈处塞入鸭肚中，放入大
锅中烧煮，锅内放清水及各种调料，烧开后焖熟，再挂
起吹干，冷后斩块用玄武湖的新鲜荷叶包裹，鸭子是皮
白、肉红、骨头绿，与荷叶的清香融合在一起，妙不可言。
如此繁杂的手续，一天只能加工几十只，所以供不应求。
人们对它的喜爱，绝不亚于另一道闻名海内外的南京美食
金陵盐水鸭。

　　后来，随着景区餐饮业的转型，这些美食已无觅处，
但对曾经享用过的人们而言，却保留着一段难以忘怀的
舌尖上的记忆。

后 记

　　笔者出生在南京，长期居住在玄武湖附近，小学的春游、中学的学农、大学的活动都在玄武湖留下了美好而难忘的记忆。而今，在玄武湖景区工作又近三十年，与玄武湖的感情与日俱增。曾即兴作小诗一首，描述玄武湖标志性特色人文景观，与本书的主题不谋而合，正可以作为对本书内容的浓缩展现，故在此作为本书的后记。

　　一湖碧水将千年烟尘荡涤，
　　五座绿岛载百姓难忘记忆，
　　悠久的岁月代代历经磨砺，
　　优美的风景处处诗情画意。
　　啊！谜样的玄武湖，
　　让我走近你。

五百楼船十万兵，壮观的水军练场载入史册；
昭明太子编《文选》，曾留下文学鼎盛的足迹；
明代水口武庙闸，是当年世界先进水利；
戒备森严的黄册库，存放着明代全国的户籍。
啊！古老的玄武湖，
怎叫人不向往你！

春风中，赏你桃红柳绿，莺飞莺啼；
夏季里，享你绿荫如盖，风清荷碧；
秋风紧，送来丹桂飘香，菊花满地；
冬日间，爱你银装素裹，玉树琼堤。
啊！美丽的玄武湖，
怎叫人不迷恋你！

昔日王公贵族的享乐场所，
怎比上如今人民群众的休闲天地；
昔日皇家园林的神秘风韵，
怎比上如今金陵明珠的光彩熠熠；
昔日千年的沧桑变化，
怎比上这六十多年的翻天覆地！

啊！可爱的玄武湖，
忆往昔，展未来，
期待你明日谱写新传奇！

感谢南京出版社"南京地标"丛书的创意；感谢南京出版社卢海鸣先生、朱天乐先生对本书的建设性意见；感谢玄武湖湖史编写组的同事们，为本书的编写留下了许多宝贵的资料。本书的编写还参考了《南京历代风华》《南京当代风采》《玄武湖史话》《"一湖两河"尽风流》等书。限于学识，书中不当之处还请专家和读者不吝指正赐教。

主要参考资料

1. [宋] 张敦颐:《六朝事迹编类》, 南京出版社 1989 年版

2. [宋] 周应合:《景定建康志》, 南京出版社 2009 年版

3. [明] 赵官等:《后湖志》, 南京出版社 2011 年版

4. [明] 陈沂:《金陵世纪》, 浙江天一阁藏本

5. [清] 王曼犀:《金陵后湖志》, 清宣统铅印本

6. 夏仁虎:《玄武湖志》, 台北广文书局 1959 年版

7. 中共南京市委党史工作办公室:《南京历代风华 (远古——1840)》, 南京出版社 2004 年版

8. 王富民、周福龙主编:《南京当代风采(1949—2000)》, 中共党史出版社、江苏人民出版社 2001 年版

9. 黄永武：《玄武湖史话》，南京出版社 2009 年版

10. 贺云翱、干有成主编：《"一湖两河"尽风流》，江苏人民出版社 2014 年版

11. 夏树芳、俞允尧：《玄武湖》，江苏人民出版社 1989 年版

12. [德] 阿尔弗雷德·霍夫曼：《南京》，南京出版社 2015 年版